問就對了

一次解開各種生命困境之謎！為何尋求支援是你最大的力量

Just Ask: Why Seeking Support is Your Greatest Strength

安迪・洛帕塔（Andy Lopata）—— 譯
王念慈—— 譯

附 約翰・詹姆森（John Jameson）執行的前導研究成果

獻詞&引言

獻給理查，

還有每一個無法開口求援，感到孤立無援的人。

也獻給我的爸爸，

謝謝你帶我踏上這段旅程。

「評斷一個人，要看他怎麼提問，而非怎麼回答。」

——法國哲學家　伏爾泰（Voltaire）

「我們的優點或許會令人留下深刻的印象，但我們與他人之間的連結，卻是由我們的弱點銜起。」

——美國生命教會創辦人暨牧師　克雷格・葛洛契爾（Craig Groeschel）

「脆弱不是弱點，它可以讓我們展現出最大的勇氣。」

——休士頓大學社會工作研究院研究教授　布芮尼・布朗（Brené Brown）

各界好評推薦

「我們往往高估了一個人的能耐，卻低估了一群人合作所激發的能量。是該好好學習如何開口、與人連結，發揮出更驚人的力量，而此書是最好教材之一！」

——愛瑞克／《內在原力》作者、TMBA共同創辦人

「求助並不是示弱，而是勇氣的展現。這本書內含了紮實的案例和實用的技巧，教你如何把提問變成自己的超能力。」

——瓦基／閱讀前哨站

「你曾向他人尋求協助嗎？又或者，你在看到這句話，心中開始有畫面時，就不自覺皺眉呢？本書帶你重新認識『開口求援』，並且將之變成你未來創造深度人際連結的最佳黏著劑。」

——蘇益賢／臨床心理師

「一本強大又啟發人心的好書，它講述了當代企業和個人所面臨的最大挑戰。書中集結客觀公正的個案研究、專家見解和實用技巧，每個需要更勇於開口求助的人，都必須一讀。」

——朵莉・克拉克（Dorie Clark），美國杜克大學福夸商學院管理教育教師

「在這本書裡，安迪．洛帕塔說明了真正的領導者該如何開口求援，還有在坦承真正自我的過程中，如何與他人建立信任。另外，他也說明領導者在鼓勵開放對話的條件下，該如何保有堅定的立場。只要你想要創造出這樣的雙贏文化，不論你是想成為優秀的領導者，或是該團隊的一員，我都由衷推薦這本書。」

——凱文．蓋斯凱爾（Kevin Gaskell），保時捷、BMW 前常務董事，連續創業家，企業開拓者

「在尋求和統整他人意見方面，洛帕塔的『回顧、重組、回應』框架，是一套非常有用且務實的行動模式。這套方法能讓我們梳理出有用的資訊、移除他人的偏見，並善用得到的反饋。」

——露絲．高田（Ruth Gotian）EdD，MS，麻醉學學習長，威爾康奈爾醫學院管理學院前副院長，《富比士》和《*Psychology Today*》雜誌撰稿人

「作為一個會把口袋裡最後一塊錢掏給別人，卻不曾向別人討過一分錢的人，這本書真的深得我心。安迪在書中分享開口求援的方法，既簡單、務實也強大，激勵了我。它將為許多人帶來莫大的幫助，能使他們鼓起勇氣開口，以免一切為時已晚。」

——戈登．特雷格爾德（Gordon Tredgold），領導力國際主講人，富比士教練，《富比士》等商業雜誌撰稿人和專欄作家。

「全英國的公司甚至是世界各地的會議室，在會前都應該要求與會者閱讀這本書。它既發人深省，又充滿驚喜。雖然我們生活的這個時代物質豐饒，但安迪認為，現代人正慢慢明白，敞開心扉面對自身的脆弱，是每個人都需要學習的功課。這本書絕對會讓你相信，『開口』準沒錯。」

——蕾蒂・范・科比特（Lady Val Corbett），職業婦女行動網、科比特論壇和羅賓科比特獎創辦人

「大力推薦此書！看完它後，若有人問你『你好嗎？』這個問題，你的回答絕對會和以往不同。」

——史蒂文・杜澤（Steven D'Souza），著有暢銷書《不費力的力量》（*Not Doing*）等，領導力顧問和教練

「這是一本充滿洞見、力量和啟發的書，能讓人明白現代人需要調整心態、改變對勇氣的定義，並善用人際網絡帶給我們的力量。人人必讀！」

——查爾斯・馬庫思（Charles Marcus），國際企業 Empowerment International Group Inc. 總裁，獲 hunger2succeed 評選為「世界60大勵志演說家」

推薦序

接納、承認脆弱，是最強大的力量

陳志恆（諮商心理師、暢銷作家）

身為一個心理助人者，我總是鼓勵人們要主動求助。不過，並不是每個人都能輕易做到尋求協助這檔事。

之前處理過一件青少年自我傷害的案子。有個高中女孩，在手腕上留下一道道割痕，好一段時間沒有人知道。直到有一天，被同班好朋友發現了，女孩謊稱是不小心受傷的，但好友不信，又察覺這一陣子，女孩似乎鬱鬱寡歡，和過去不太一樣，直覺應是女孩遇到困境，偷偷向老師反映，師長才有機會介入處理。

原來女孩在補習班與一位擔任課輔老師的大學生交往。後來男友提出分手，女孩傷心欲絕，一直走不出失戀低潮，更就此陷入情緒低谷中。

每當夜深人靜時，女孩本來要繼續溫習功課，但卻有一股強烈的鬱悶湧上心頭，那痛苦快把她給淹沒，近乎窒息。她拿起抽屜裡的美工刀，無意識地往手腕上劃下去，看到皮肉綻開，鮮血流了出來，內心的痛苦似乎得到了釋放。又或者，手腕上的痛，讓她感受到自己還存在著。

就這樣，每天、每晚，一道又一道的傷痕。

白天，女孩的作息依舊，總是在人前保持著甜甜的笑容。當事情曝光時，不論是老師或家長，簡直無法置信，這個乖巧的孩子，竟然已經持續自我傷害一陣子了。

大人們除了問：「為什麼要割腕？」還會問：「妳怎麼不趕快告訴我們？」「妳為什麼不早點說？」這句話，多麼沉重！

大家都說她傻，告訴她，有困難就要說出來。然而他們不知道的是，有時候，求助就是這麼難！比起向別人說出口，獨自吞忍祕密，會要來得安全得多。

對兒童或青少年而言，不願意求助的主因，常是擔心被罵，或者不想造成大人的負擔。然而，也有許多成人即使遇到困境也不願意開口求援，為什麼呢？

就我的觀察，擔心給人造成負擔，大概也是主要原因。他們常認為自己的困境只是微不足道的小事，沒必要給別人添麻煩。但他們沒想過的是，當他們願意說出自己的困境，給親友伸出援手的機會，別人是會很開心的！

另一個不能求救的原因，常是擔心被拒絕。

許多人在考慮是否請人幫忙時，常會在心中上演一番小劇場：「他們會不會不答應？」「他們會不會覺得我很煩？」「如果被拒絕怎麼辦？」最終，還是擔心自己在他人心中留下負面的印象，害怕就此被討厭，或被貼上麻煩人物的標籤。

所以，是否能求助，常與自我價值有關。自我價值越是低落的人，越是在意他人對自己的評價，越是難以向外求援。

然而，我們所處的社會文化也得負起一些責任。

當整個文明社會都標榜「獨當一面」「獨立自主」「不依賴別人」等特質才是美德時，無形中就削減了人們開口求助的意願，否則可能會被當成是抗壓性不足的「草莓族」。

而事實真的是如此嗎？

《問就對了》這本書要告訴你，向外求助才是真正勇敢的表現。求助，意味著需要向外人展現自己脆弱與不足的一面，這是多麼需要勇氣的事情，也多麼需要被肯定呀！

相反地，死命苦撐著，看似堅強，實則內心軟弱。

雖然現今社會對他人的苦難不聞不問者多，但我所遇到的人，有許多都是樂於助人。

例如，當我在網路上透露一些我遇到的困境時，就會有許多網友前來留言，紛紛獻上他們的點子或經驗分享。雖然有時候，我純粹只是想抱怨，並沒有要人告訴我該怎麼做，但仍有許多人會「忍不住」過度熱心。

為什麼會如此呢？

因為當你發現自己能提供他人協助，你會感到自己是有能力的、有價值的。我們常常需要透過對他人做出貢獻，來證明自己在群體中的重要性。

如果，你是個愛面子，死也不願意向他人求助的人，你或許該學習適時地展露自己的弱點。如同前面說過，這一點都不簡單！《問就對了》正要教你，如何開口向他人求助，在心態上如何自我調整？以及，在策略上如何擬訂求助方針，增加求助成功的機率？

最後，這本書也同時告訴你，當你有機會成為一個助人者，為他人提供協助時，你該注意些什麼？我們需要審慎思考，如何給他人「恰到好處」的協助，不至於讓對方感到壓力，或因此嚇跑對方，同時也能令對方更願意敞開心房，感到被理解與被支持。

目錄

Contents

第1部【找到勇氣】

第2部【擬定策略】

第5部［我們之間有何不同？］ 269

第6部［穩步向前］ 311

序言

這本書一開頭就說，此書要獻給理查。請容我說明一下這箇中緣由。

二〇一六年的三月末，我聽聞理查驟逝的消息。他一直都是個得體又健康的人，當下我真的想不透，他怎麼會就這麼走了。

理查大概是你認識的所有男性中，待人最和善有禮的一位。在家人和朋友之間，他有個「溫柔巨人」的封號。他的臉上總是掛著溫暖的微笑，樂於花時間和精力幫助他生活圈裡的每一個人，積極地為身邊的人創造更好的生活環境。

等待理查親屬告知大家告別式舉辦時程的那段日子，我們這群因理查死訊而震驚的朋友，互相詢問對方是否知道理查是怎麼走的，但似乎都沒人知道答案。四月中旬，也就是理查死後幾週，他的親屬安排了火化理查遺體的儀式。遺憾的是，那一天我剛好有事無法出席，但幾位出席的友人告訴我，當天也僅開放來訪者在教堂短暫駐足弔唁。

一週之後，我們一群與理查感情甚篤的朋友，大概五十幾個人，在吃完悼念理查的午宴後，一起到理查的家鄉走走，漫步在他生前最喜愛的山坡小徑上。

在這個過程中，有超過一半的人，紛紛藉此機會與眾人分享自己與這位已逝朋友的共同回憶，而他們所說的每一則故事都有一個共同點：理查在他們的生命中都扮演著不折不扣的「施予者」。他永遠都守護著他生活圈裡的親朋好友，一心想著可以為其他人做些什麼，卻不曾想過他們可以為他做些什麼。

一位從非洲飛來弔唁理查的女子說，理查曾自費旅居她的母國一週，幫助她在當地設立慈善機構。

另一位從美國飛到這個英國小鎮向理查致敬的男子，也分享了他與理查的一些往事，而他說的這些話，在之後引起了很大的共鳴。

「你們知道嗎？」他說，「我到現在還不知道理查是做什麼工作過日子的。我們每次見面，他都只談我的事，關心我在做些什麼，還有他能怎樣幫助我。他從來沒跟我談過他自己的事。」

隔天，我終於知道理查是怎麼走的了。我心中最壞的假設成真了，理查親手了結了自己的生命。

他的妻子卡羅琳告訴我，「理查幫了許多人，但他不見得有善用他的這份能力，把它發展成一番事業。你也知道，他有多喜歡幫助那些為目標奮鬥的人，如果他能以此為業，提供他們達成目標的方法，肯定能衣食無虞。理查人生中最快樂的事就是為他人付出，但就現實面來看，這件事或許也是導致他喘不過氣的一部分原因。」

「事實上，他這樣無償幫助他人的善舉，讓自己的財務狀況陷入困境，而這也是他選擇輕生的一大主因。」

老實說，這樣的真相完全出乎我的意料，而且我覺得這一切實在是太荒謬又諷刺了，這樣樂於助人的理查，在自己遭逢困難時，竟然會無法向其他人開口求援。我敢打包票，那天出席理查悼念午宴的人，還有來他告別式弔唁的人，還有許許多多無法親臨致意的人，若是知道他有困難，絕對會毫不遲疑地用各種方式幫助他。

在理查的告別式上，卡羅琳誦讀的追思文以這樣的文字作結：「我們與理查有許多珍貴的回憶，他是一個獨特、大方又備受愛戴的溫柔巨人，他的笑容會永遠長存眾人心中。」

當時那個房間裡站滿了關愛理查的人，我很肯定，如果理查生前願意開口求援，我們大家絕對有足夠的資源幫助理查重新站起來，無論是在財力或是情感支持層面。

我這不是在說理查做錯了什麼，或是他沒有和身邊的人分享自己的難處是他的不對。這樣的說法把事情看得太簡單了，這是一個非常艱難和複雜的情況，而且很遺憾地，這樣無法敞開心扉讓別人幫忙，選擇把自己逼上絕路的人，他並不是第一人，也不會是最後一人。

許多事情會讓我們開不了口尋求幫助。但我們一直沒意識到一件事：大家都願意出手幫忙，他們都樂於助人，如果我們沒請他們幫忙，反而會令他們感到受傷。

許多事情會讓我們開不了口尋求幫助。但我們一直沒意識到一件事：大家都願意出手幫忙，他們都樂於助人，如果我們沒請他們幫忙，反而會令他們感到受傷。

每一個出席理查告別式和悼念午宴的人都心痛不已。

我相信在新冠肺炎肆虐全球和各國紛紛封城之前，這個世界就已經在劇烈地變動，只不過在疫情衝擊下，我們更深刻地感知到自己和身邊親友的脆弱，還有彼此必須開口求援的需求。

沉且，此刻我們也在跳脫風行於上個世紀「獨立、霸氣」的行事作風，不再提倡那種遇到問題就該單打獨鬥、憑一己之力解決所有事情的觀念。這點對我們影響深遠，不管你是男是女，個性如何，都很有可能因為這個觀念，在遇到困難時開不了口。就像理查，他絕對不是一個「大男人主義」的人，但當他身處困境時，他還是覺得自己無法告訴別人他的處境，也無法開口尋求支持。

此刻我們提倡的觀念是：有難處提出來沒有關係，不曉得所有事情的答案也沒有關係。在這個前提下，「脆弱」不再是什麼見不得人的字眼，「袒露內心最真實的一面」也成了這個世代最常聽見的口號。

然而，就現實層面來看，目前這樣的風氣還不夠成熟吧。

關於這本書

是什麼讓我們說不出心中的想法？

就當代的社會風氣來看，我認為大家都對開口尋求幫助這件事沒什麼概念。我們的生長環境會讓大部分人覺得，我們應該知道所有問題的答案、獨立自主地解決問題，並讓自己看起來功成名就。社群媒體的興盛，以及 Instagram 和 Snapchat 這類帶動自拍文化的社群平台，更是助長了這個風氣。為了吸引網路追蹤者的目光，大家都只想在上頭呈現出自己最完美的外貌和生活。

可是，這個現象不單單會發生在我們與那些關係相對疏離的網友互動上，這個現象也會發生在我們的現實生活中。你可以回想一下，在朋友和家人關心你的近況時，自己有哪幾次完全敞開心扉、如實以告？

回想一下，在朋友和家人關心你的近況時，自己有哪幾次完全敞開心扉、如實以告？

近一、二十年來，有許多心理自助大師告訴我們，當別人對我們提出「你好嗎？」這樣的問題時，我們不該再用「不錯」或「還可以，謝謝」這類平淡的答覆回應對方，而是應該用積極正面的詞彙和態度表達自己的狀態。於是突然間，「非常順利」、「很棒」和「很好」之類的話語，外加一個大大的露齒笑容，成了每個人回答這道問題的標準配備，可是在這正能量滿點的答覆背後，往往掩藏著另一番截然不同的事實。

我參加某場專業研討會時，就注意到類似的情況。二〇〇三年，我幸運加入英國「專業演說協會」（Professional Speaking Association，PSA），至今一直都是該協會的會員。對我來說，我在這個協會結識的人，不單單是我的競爭者、盟友和同事，他們當中更有許多人也成了我的朋友。我們都說我們是「一家人」，而且真的把彼此當成家人般的好朋友。

然而，即便我們是這樣情同家人的朋友，我們對彼此依舊不夠坦誠。當我們在區域性會議或大型研討會上碰到面，在那份朋友相見的喜悅背後，我們仍然希望對方看見自己光鮮亮麗的一面。就算是在相親相愛的互助群體之間，這樣渴望自己體面示人的心態同樣相當普遍。

所以，當別人問我們「事業怎樣？」時，我們會回答「很棒」、「很好」或「忙到翻」。

但我們並非總是實話實說。

我想起幾年前參加「專業演說協會」的一場區域性活動。當時的其中一位講者是史蒂芬・荷頓—博奈特（Steven Houghton-Burnett），他是開創、發展和銷售英國互聯網服務的先鋒之一，不僅因此賺進一筆財富，事業也經營得有聲有色，是一位十分激勵人心的講者。

那天史蒂芬辦了一個小活動，研討會一開始，他就發給每一位與會者一份問卷，請大家迅速完成該份問卷。

問卷中的其中一道題目是：「你的事業處在哪一個發展階段？」

A. 創新階段（成立不到六個月）

B. 發展階段（成立不到兩年）
C. 成熟穩定階段
D. 持續成長階段
E. 衰退階段

沒有任何一位研討會成員願意承認自己的事業正處在衰退階段。每一個人都表示自己的事業正處在初期、成熟穩定或持續成長階段。

在這間會議室裡有人說謊。我知道在這間會議室裡有人說謊。因為我就說了謊！當下我的事業正在走下坡，肯定是處在「衰退階段」。但那個時候我覺得，在那樣的場合承認這個事實，會讓我渾身不自在。我很確定，在那間會議室裡，我並不是唯一一個美化自己事業狀態的人。

這種想體面示人的渴望，常常會成為我們與他人吐露心聲的阻礙，就連面對親近的家人、朋友和同事也不例外。我們希望他們看到自己最棒的一面，這份渴望會使我們無視得到支持或意見的機會，但其實這些支持或意見都有可能改變我們的現況，或至少讓情況變得比較沒那麼糟糕。

這種想體面示人的渴望，常常會成為我們與他人吐露心聲的阻礙。我們希望大家看到自己最棒的一面，這份渴望會使我們無視得到支持或意見的機會，但其實這些支持或意見都有可能改變我們的現況。

威廉王子和哈利王子曾多次公開談到「有毒的男子氣概」（toxic masculinity）這件事，表示這個觀念妨礙了眾人吐露心聲的意願，尤其是年輕男性。二〇一七年的一場訪談中，已受封劍橋公爵的威廉王子說：「有些重要議題已經被我們視為禁忌話題太久了。如果你感到焦慮，是因為你能力不好。如果你無法應付生活中的大小事，是因為你太弱了。成功、能力好的人就不會有這些困擾，對吧？但才不是這樣，我們每一個人都會面臨這些情況，只是很少人會把它說出來。」[1]

打破神話

我認為現在是大家打破這些神話，建立嶄新人生觀的時候。在這個人生觀中，大家不但允許彼此坦承自己的脆弱，也鼓勵這樣的舉動。休士頓大學社會工作研究院研究教授布芮尼・布朗（Brené Brown）就曾在自己的著作和TED演講[2]中，完整論述脆弱的力量和大企業願意接受這類信息的趨勢，表示此刻的大眾比以往更懂得變通，更能接納改變處事方式的需求。

對個人來說，這一點很重要，因為這會讓我們明白「你不需要時時刻刻都積極正面」，我們可以坦承自己的感受、挑戰和心中跨不過的那道坎。

你不需要時時刻刻都積極正面。

給自己一些「河馬時間」

偶爾消極負面一下也沒有關係。保羅・麥基（Paul McGee）在他的傑作《閉嘴前行》（*S.U.M.O.*〔*Shut Up Move On*〕）[3]一書中，就討論到「讓自己喘口氣」的重要性。麥基說，有個朋友對他說，他不想「繼續努力」，只想「打混摸魚」；順著這個話題，麥基帶出他在這本書要提倡的理念，正是他這位朋友在碰到問題時想做的事。

「在遭逢重大挫折或低潮的當下，根本沒人想要聽到別人叫我們加油，」他朋友說，「就算他是一片好心，但在某些情況下要別人停止抱怨、繼續努力，實在是太不近人情又沒半點幫助，尤其是在當事人遭逢嚴重巨變的時候。」

麥基說，「史蒂夫說到『打混摸魚』這個字眼時，我的腦中立刻浮現河馬在泥巴裡打滾的畫面。那時我才突然意識到，大家在停止抱怨、繼續努力之前，需要先打混摸魚一番——擁有一些，我稱之為『河馬時間』（Hippo Time）的時刻。」

我很愛「河馬時間」這個概念，也承認自己有時候會只想打混摸魚。我寫這本書的目的，是要鼓勵你對身邊的人更加坦白。但時機很重要，如果你需要先有一點時間整理心中的感受，跨過那些挫折或悲傷，找回清晰的思路，那也沒什麼不好。重點是，不要讓自己處在這種「打混摸魚」的狀態太久，否則負面的感覺就會開始反客為主，逐漸掌控你的行動和反應。

我希望你知道向別人吐吐苦水沒什麼大不了的，並體認到，一直奉行獨立自主和自給自足的理念反而會招來反效果。假裝自己無所不知對誰都沒有好處，此舉只會消磨你的精力和自信，使你不斷重蹈覆轍別人的錯誤、做事效率不彰，並導致你和你身邊的人為此付出代價。

你不需要把「示弱」視為一種「弱點」。說「我不知道」並不表示你就是個失格的執行者、沒有成就的魯蛇，或胸無大志的無名小卒。改變你的思維，接納你的錯誤不應該被看成一種軟弱的舉動。事實上，它是一股力量，在商場上也越來越多人將「謙卑」視為重要的商業手腕。

大家真的都願意出手幫忙。我們都樂於幫助自己在乎的人。

就跟所有事情一樣，凡事都講求「時機和地點」。我在這本書的宣傳訪談中就有清楚表示，有些時刻是絕對不適合吐露內心話的。例如，職業足球隊隊長如果表現出遲疑或信心不足的樣子，可能就會因此失去自己在整個團隊中的地位，甚至是丟了工作。紐西蘭海軍領導者展現出的態度，則會左右他們旗下小隊所有成員的表現，因為他們是所有士兵能否安心作戰的指標人物。

不過，只要你有掌握一些原則，還是有辦法一吐心中的煩悶：

- 建立堅實的支持網絡，這個網絡中的成員都是你覺得值得信賴、相處自在，且能放心傾吐心聲的人。
- 釐清你人生或職涯中有哪些需要支持的地方，還有你願意向哪些人尋求幫助。
- 與重要的人發展出深厚的情誼，這些人會定期與你碰面、傾聽你的難處、與你一起抽絲剝繭、幫助你找出對策，並願意讓你放手去做你所決定的事。

當我們將自己隱身在暗處，奢望這樣的悶不吭聲能保留我們的聲譽，我們就無法壯大這股後援力。少了別人的支持，我們面對失敗的機會恐怕也會隨之大增。其實，你不用把得到幫助和支持想得太複雜，這些力量一直都在我們身邊，要得到它們，我們需要做的就是：開口。

淬釀《問就對了》的歷程

終於，我實現了這個願望。

歷經了好幾個月的挫敗、焦慮和幾乎失去了所有的信心後，在耶誕節前夕的週六凌晨三點，我夢見這本書的模糊架構。夢裡，這本書是在我兩位同行的協助下完成的。

我夢到我終於找到與那兩位同行分工合作，一起完成這本書的方式——我們決定依各自的專業負責一個重要的主題。至於為什麼我會夢到那兩位同行，我自己也搞不清楚。在現實生活中，我根本沒有跟他們談過這本書，他們在夢裡展現的專業也與現實不符。但這無關緊要。

從夢中驚醒後，我手忙腳亂地抓起紙筆，盡可能把夢裡的種種細節鉅細靡遺地寫下來。我知道我要的答案就在其中。我知道我振筆疾書寫下的文字正集結成一股勇氣——一股開口求援的勇氣。我知道夢中我兩位同行撰寫、規劃的內容，還有他們為此採取的行動。接下來的三個小時，我就這樣坐在床上，毫不停歇地寫下了一個新的章節計畫，還把先前原稿的主題依照這個新架構重新安排了一遍，然後才在清晨六點左右疲倦得倒頭大睡。

但《問就對了》是怎樣完成的呢？我籌備這個計畫有三年多的時間，完成原稿後又編修了近一年的時間，才讓這本書以此刻的面貌與大家見面。這段時間我歷經了哪些波折，又是怎樣淬釀出這本書的呢？

端不上檯面

在那場夢境的五週前，我參加了二〇一九年的年度 Ambition 研討會，站在講堂裡發表演說。此研討會是一年一度的活動，每年我都會協辦這個活動，支持在地慈善機構，而這也是我第三次在這個活動中宣揚我的「問就對了」的理念。

原本這應該是我新書發表會的一環，我會在這場演講中，與這些在地的商界人士，一塊兒慶祝這本書的出版。我們甚至跟主要贊助商談好，要為這場研討會的每一位與會者團購這本書。

可是，當天我根本沒有書可以給這些與會者。

就在那兩週前，我的出版商發了封電子郵件告訴我，他們不認同最新原稿的內容（這本書的第三版草稿），建議終止我們雙方的合約。這對我來說是個莫大的打擊。它不只毀了我看見這本書問世的願望，也傷了我的聲譽。與這家世界知名的出版商簽約時，我曾公開慶祝，但此刻他們卻告訴我，我的作品端不上檯面。

我沒有把這個消息告訴任何人。我明白這很諷刺，因為我寫的書就是在談論透明、脆弱和開口求援，可是遭逢這個巨大挫折時，我卻對身邊的人隻字未提。但我需要我的「河馬時間」。我思忖著自己該不該在之後的演講中分享這本書的消息，但我知道這是一個選項。一切來得太急太快，我還拿不定主意。不過到了演講的尾聲，我知道當下是告知大家這個狀況的好時機。

那場演講結束後，參與研討會的人給了我相當暖心的回應。很多人走到我身邊，鼓勵我繼續堅持下去，並提供了支持。我甚至在隔天收到另一家新銳出版商的邀稿。

當時的我就是需要這樣的幫助。那時候我雖然知道完成這本書對我很重要，也知道自己必須走出低潮，但我已身處這樣的低潮數個月之久，早已無法憑自己的力量看清前方的道路。當下就是需要其他人也肯定自己的想法是對的。

當下就是需要其他人肯定自己的想法是對的。

人生寫照般的忠告

我撰寫《問就對了》的歷程，反映了這本書提供的大部分建議。有些書的撰寫過程很輕鬆，作者信手拈來就能完成它們。然而，這本書絕對不是這樣的書。

我的出版商並非第一次對我的原稿提出不滿。第一次他們告訴我，內容太冗長了，我明白他們的考量，也接受了他們的指教。第二次他們又表示不認同我的內容，決定與我解約。但這次的退稿真的是深深地刺傷了我。我不能接受他們的反饋，一開始我只覺得怒火中燒。我為了這本書付出這麼多心血、做了這麼多功課，但他們卻殘忍地批判這本書，說它不會被市場接受。

不過經過一段時間的沉澱和反思後，我想通了，人家說「當局者迷，旁觀者清」，就是這本書與我的關係太緊密了，所以我才無法從客觀的角度看待它。於是我決定按照我在書中所寫的建議去做，並開口尋求幫助。我從生活圈中找了一些值得信賴的人，請他們幫我看看這本書，這些人有的是頗負名望的作家，也有企業界的高階領導人。

有幾個人表示他們很愛這本書，聽到這樣的反饋我當然非常開心。

然而，也有幾個人提出了一些不是那麼中聽，卻值得我逼著自己聽下去的反饋。例如有位審書者就這麼對我說：「安迪，這是一本很棒的書，但它不該以這樣的面貌問世。」

於是，我決定把這一切打掉重練。當時我去愛爾蘭爬了幾座山，並在爬山的過程中重組這本書的架構。之後，我又向生活圈中的許多人請益，聽取他們客觀的反饋，但還是有人覺得這本書的架構不太對勁。也就是說，那個時候我知道這本書的架構必須大修，但卻不曉得該朝哪個方向調整。我毫無頭緒——直到做了那場夢。

提筆寫下夢中的架構後，我還是繼續向外尋求協助。我聯繫了一位好朋友大衛・麥奎因（David McQueen），他之前也幫我看過這本書稿，我請他撥一些時間給我。他非常爽快地答應了我的請託，撥出時間和精力與我一起梳理我的原稿，把現有的內容一一代入新的架構。然後，在新出版商的鼎力相助下，終於完工並以新面貌與大家見面。

也可以說，從我在社群媒體上發布我想撰寫這本書的念頭，展開這個計畫的第一天起，就已經在向我生活圈裡的人尋求幫助和支持。雖然這本書的封面上印了我的名字，但這本書絕對不是我一個人完成的，而是一整個團隊共同完成的。即便是在我的夢中，我都不是一個人單打獨鬥！

撰寫這本書的過程，我確實經歷了許多沮喪、焦慮、憤怒和絕望的時刻，但最終，這本書還是順利出版，以此刻的面貌呈現在你眼前。如果要說我為什麼能走到這一步，我會說這一切只有一個簡單的原因，那就是：

一路上我都是願意成為一個能敞開心扉、勇敢示弱和開口求援的人。

第1部

找到勇氣

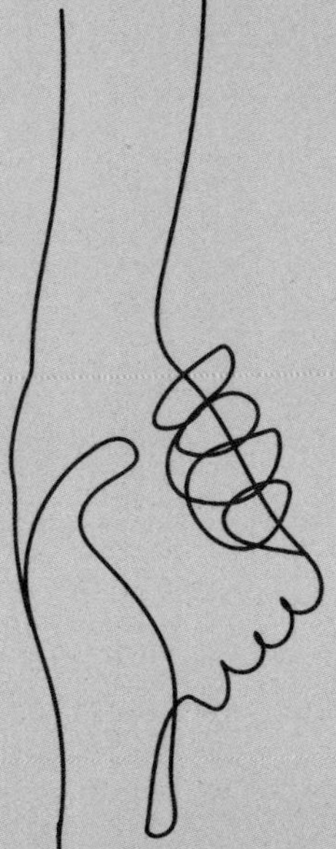

1 整頓情緒

正如我之前所說的，撰寫這本書的過程中，管理情緒是我面臨的最大挑戰之一。有好幾次，我都想要雙手一攤，直接把手頭上有的東西湊合著出版，即便這意味著我會對不起出版社對我的期望；甚至有好幾次，我想徹底放棄出書這件事。

我出書歷程的波折起伏就像是人一生的縮影。這段歷程剛好跟我事業的低潮重疊在一起（考量到當時為了這本書，我投注了大量的時間訪談、研究和寫作，而這兩者之間或許並非毫無關聯），但即便如此，我還是很想要在眾人面前營造成功的形象，所以我選擇強顏歡笑，把所有的苦痛都往肚裡吞。

你也有這樣的經驗嗎？無論是在職場或日常生活中，那些會打擊你的自尊心、使你質疑自我能力，或是懷疑自己能否達成別人期望的挑戰，你面臨過多少次？

那些會打擊你的自尊心、使你質疑自我能力，或懷疑自己能否達成別人期望的挑戰，你面臨過多少次？

那些想對老闆或組員破口大罵、感到茫然無措又無計可施，或是想要得到別人的稱讚或安撫卻無法坦率說出口的時刻，又有多常發生在你身上？

我寫這本書的目的，就是要鼓勵你更樂於分享這些感受。理想狀態下，讀完這本書之後，你就應該開始與其他人分享這些心情，但我也知道現實並沒有那麼簡單。就拿我自己來說，儘管過去四年，我都專注在這個主題上，但這段期間，我仍然發現自己有很多時候沒法開口求援，好幾次都必須逼著自己這麼做。即便是現在，就在你閱讀這些文字的同一時間，說不定我也還在跟另一波相同的情緒打架。

很少人能自然而然地展現自己脆弱的一面，並開口尋求幫助。在大環境的多年薰陶下，我們心中萌生的許多恐懼和負面情緒都會猶如條件反射般，強烈地阻止我們這麼做。因此，我們要擁有開口求援的能力，勢必得先度過這道關卡，而「找到勇氣」就是這一切的起點。

創造一些自我空間

我在處理前文分享的那些挑戰時，一直都是以保羅・麥基的「河馬時間」概念為核心原則。如我先前所說，在我的第三版原稿被退件後，接下來的兩週我都沒有把這件事告訴任何人。我很憤怒。所以當下我需要那麼做。

我需要創造一些自我空間，讓自己有辦法更理智地看待這件事。等到情緒沉澱下來後，我覺得自己會更有能力採取正確的行動。有趣的是，經過這番沉澱後，我確實開始聽得進去別人的反饋，並可以用客觀的態度去評估這些意見對我問題的幫助，進而積極地採取行動。

我們不可能每次碰到什麼煩心的事，都馬上把這些事告訴別人，就算可以，這樣的行為也不可取。如果我們沒有先給自己一些空間整頓情緒，在徵詢別人的意見時，我們就很難用客觀的態度去評斷它們。這樣一來，我們就無法看清下一步該怎麼走。

如果我們沒有先給自己一些空間整頓情緒，在徵詢別人的意見時，我們就很難用客觀的態度去評斷它們。

不過，凡事都講求恰到好處。我們必須拿捏好「河馬時間」的長短，萬一時間拉得太長，這樣的沉溺期反而會帶來反效果。

你感到憤怒或絕望的時候，請好好傾聽自己，梳理你心中的想法，同時為自己設下一個時間，讓自己在過了那段時間後，就開始試著向其他人吐露，並向他們尋求幫助。給自己一點時間沉溺一下沒什麼關係，但你一定要替自己設一個底線，這樣你才知道到了什麼時候，你就必須繼續往前走。

拳王比利

前世界輕沉量級拳王比利・施威爾（Billy Schwer）就曾任憑憤怒和絕望主宰他的人生。二〇〇一年七月，比利在與阿根廷拳擊手巴勃羅・薩米恩托（Pablo Sarmiento）歷經了十一回合的激戰後，失去了他辛苦贏得的世界拳王頭銜，自此他的生活就全變了樣。

「在此之前，我的人生一直都是以拳王比利自居，但從那一刻起，我就只能說自己是比利，但我根本不知道比利是個怎樣的人。」他告訴我。「我會這樣萬念俱灰，是因為我不僅失去了世界拳王的頭銜，還身受重傷。我不可能再重返賽場了，這是很大的打擊。那真的是一段很艱辛的時光，我出現了自我認同危機（identity crisis），非常煎熬。」

「無法再登上拳擊場，我看不見自己的未來還能做些什麼。我失去了人生的方向，覺得自己無依無靠，整個人彷彿成了一具空殼。當下的我就只能躺在床上，哪也不能去。我曾經是一個世界級的運動員、世界級的冠軍，但往後的日子，我該怎麼辦？」

比利說接下來的兩年是他人生中最糟糕的日子。他深受憂鬱症所苦、婚姻破裂、財務破產，還發現自己想要自殺。這段日子，他從世界的頂端重重跌落谷底。

「我不願傾聽任何人的意見，非常固執、執著和自我中心。那些特質曾是使我成為世界冠軍的助力，但矛盾的是，到了拳擊場外，那些特質卻成了我的阻力。」

「我不曉得除了拳王比利之外，我還能做些什麼。從八歲起，我的人生一直都是在為了戰鬥和抵抗做訓練，每天都在琢磨各種攻擊和防禦技巧。拳擊就是我的一切，以前的我一直這麼認為。」

後來，比利偶遇了一位老友，這位朋友不僅將他從低谷中拉了出來，也成功將他的人生導向了不同的軌道。

重新出發的比利

失去拳王頭銜沒多久，比利的朋友就告訴他，他可以去上自我發展的課程，而Landmark Forum[4]的課程徹底改變了比利。

「參加這項課程後，我才開始發覺到自己的其他面向。我還是必須力抗那場巨變，但我明白自己並非一無所有，我了解自己還是有無限的可能性。那個時候我已經三十一歲了，但在參加課程前，我完全沒意識到這個事實。拳王比利這個身分雖然讓我從拳擊場上活了下來，成就了我過去的人生，但在那個階段，拳王比利卻是一種累贅。」

其實這個課程充滿挑戰，當時課程聚焦於鼓勵學員敞開心扉，誠實分享自己內心最深層的恐懼和不安全感，並層層剖析他們的人生，幫助學員找出形塑他們此刻面貌的事件。我很好奇拳王比利是怎樣度過這段過程的，因為在拳擊場上他是個非常執著的人。

「有三天的時間，我都被這個課程弄得喘不過氣，覺得自己被它打趴，但我很喜歡這樣的感覺，因為我喜歡戰鬥。它把我帶到了另一個地方，一個我從未去過的地方。」

「現在我知道，我在結束最後一場拳賽後，就下意識地給自己的人生判了死刑。對一個自認人生已毫無希望可言的人來說，你根本不會在意實際情況是怎樣。但在課程中讓我跳脫了這樣的思維，我決定重拾對人生的主導權，為自己的未來負責，讓自己振作起來。」

我是輸了比賽，但我不能也輸了自己的人生。」

「然後我回顧了自己的過往。我是曾在拉斯維加斯登上了拳擊的巔峰，享受過輝煌的職涯，還體會過不平凡的人生。而當下的我也知道，如果我願意，我的人生一定還有其他的可能性。如果你想要找到突破現狀的勇氣，到其他的地方走走看看，你就必須先打破自己固執己見的習慣。」

跟自己說說話

幾年前，我也去上過 Landmark 的課程，在那套課程中，我學到最重要的一課就是「我們必須跟自己說故事」。我們的心中都有一股聲音，而課程中把這些聲音暱稱為「三姑六婆的七嘴八舌」，它們會告訴我們可以做些什麼，又不能做些什麼。

這些七嘴八舌的聲音可能會阻礙我們在需要的時候，敞開心扉、向外求援的行動力；而我們在生活中的種種經驗和別人對我們說的每一句話，都會成為這些聲音編造各種故事的素材。

這些七嘴八舌的聲音可能會阻礙我們在需要的時候，敞開心扉、向外求援的行動力。

我們會告訴自己，向別人傾吐自己的難處，會讓自己顯得很可笑，說不定其他人根本不想或無法幫助我們，又或者我們會因此失去他們對我們的信任或敬重。

可是我們的感覺如實反映出現況的頻率有多高？每次我們開口向外求援時，都會一次又一次地驚喜發現，其他人有多麼願意幫助我們。說到底，「樂於助人，卻不允許別人幫自己一把」是我們每一個人的通病，因為我們都會被自己腦袋裡的聲音干擾。

把自己看成四歲的孩子

很多人會以為，那些看似游刃有餘、夜夜站在舞台上熱唱的搖滾明星，輕輕鬆鬆就能在數萬人面前表演。他們會給人一種感覺，讓人覺得自我懷疑和神經緊繃這類的狀態跟他們完全沾不上邊。不過事實絕非如此。

二〇一〇年，哈蒂・韋博（Hattie Webb）和她的姊妹查理・韋博（Charley Webb）一起擔任加拿大傳奇歌手李歐納・柯恩（Leonard Cohen）的和聲歌手，隨著他巡迴演唱兩年的時間。然而，在他們巡演到丹麥的奧登賽時，哈蒂卻在大約兩萬人的演唱會上昏倒了。

「巡迴演唱會的行程相當緊湊，」哈蒂跟我說，「李歐納每晚都要表演四個小時，而且表演的環境常常充滿挑戰。在這樣的情況下，每一個參與巡演的工作人員都必須投注大量精力在那場演唱會上，我在表演途中突然昏了過去，還撞到了頭。」

所幸哈蒂並沒有什麼大礙。她很快就醒了過來，起身繼續完成接下來的表演工作。可是這場意外卻對她往後的日子造成了深遠的影響。哈蒂發現自從這場昏厥後，她的心中萌生了一股焦慮感，之後她才明白這是因為她擔心自己舊事重演。

為了解決這個問題，她接受了許多訓練和治療。她回顧了自己以前生活的方式、對待自己的方式，同時也檢視了內在聲音對她的影響。

「我們每個人都是獨立的個體，多少都會有負面的想法，這很正常。但重點不是你有沒有負面想法，而是你怎麼處置它們。當時那股焦慮感會突然非常強烈地湧上我的心頭。」

我們每個人都是獨立的個體，多少都會有負面的想法，這很正常。但重點不是你有沒有負面想法，而是你怎麼處置它們。

「我回顧自己的過往時，才發現在它湧現前，其實已有一些跡象，這可以讓我提早做出反應。如果你不去聽你身體的聲音，那股聲音就會越來越大聲，症狀也會越變越強烈，讓整個人變得越來越焦慮。」

哈蒂認為她常常對自己太過嚴苛，她的焦慮感多半就是由此而生。後來她學會不再對自己如此苛刻，並接受其他因素會影響結果的事實；有必要的話，她也會開口向其他人尋求幫助，這一點對她的幫助很大，是她得以恢復自信和穩重的關鍵之一。

「我漸漸明白一件事，你會這麼嚴苛地對待自己，不一定是你發自內心想這樣做，而是受到你生長環境的潛移默化，因為你的老師、你的上級或社會上的其他權威灌輸給你這樣的觀念。我這麼說不是要怪罪誰，但知道你想要怎樣對待自己，在人生這條路上是一件非常重要的事情。」

「Hay House 出版社的創辦人露易絲・賀（Louise Hay）提倡一種非常棒的冥想活動。

她要大家把自己看成一個四歲的孩子，想想如果你生活中有任何一個四歲大的孩子做錯了什麼、跌倒了，或是把什麼東西灑出來了，你會對他們說什麼。絕大多數的人都會說『噢，沒關係』、『這沒什麼大不了的』或是『我來幫你』之類的話。」

「沒錯，你就要用這樣的方式與自己對話，尤其是在碰到狀況的時候。你不應該在心裡對自己大吼大叫，實際上在那些情況下，你更應該和善地對待自己，這會讓一切變得很不一樣。」

我認為哈蒂的這種做法會讓人比較容易接受別人的援助，因為如果你能用比較寬容的態度對待自己，你就會比較願意敞開心扉去尋找其他解決方案，也不會擔心這樣是否會讓自己差人一等。

哈蒂同意我的解讀。「沒錯，成為支柱就意味著你會比較難說出自己的難處，但你一定要知道自己的價值，接受自己也可以有脆弱的一面。我一直以『柔弱勝剛強』為信念，認為脆弱不是弱點，反倒是力量的泉源。」

成為支柱就意味著你會比較難說出自己的難處。

不要把整頓心情的時間拉得太久

我們鼓起勇氣開口求援之前，必須先找出讓我們開不了口的原因。能夠聽見你內心的聲音，並質疑它的真實性是你要做的第一步。當然，你在決定下一步該怎麼走之前，或許也需要一點時間去整頓那些情緒和想法。

不過，千萬不要把這段時間拉得太長。一不小心你就會把時間拉得太長，錯失開啟重要對話的契機，因為你可能會開始鑽牛角尖，覺得一切都不太對勁。但別忘了，如果我們連這點風險都不願冒，又怎麼能讓一切有所改變？那些患得患失的想法只不過是在虛耗自己的心力。

你的答案決定了一切的走向。化解你挑戰的方法就在你的身邊。那些你信任他們，他們也喜愛你的人或許已經經歷過類似的事情——當你把心中的難題與他們分享時，往往會驚訝地發現自己並不孤單。

我們有時會因為恐懼和脆弱而感到自己孤立無援，但事實不見得如此。然而，假如我們把時間拉得太長，一直把那些恐懼往自己的心裡藏，沒有表達出來，那麼我們就無從得知身邊有哪些人也有著相同的挑戰，或者是有哪些人可能有什麼很棒的點子可以幫助我們度過那些關卡。

我們全都需要一段專屬自己的「河馬時間」。在開口之前，我們需要先整頓自己的情緒，並明白自己需要說出哪些事情，還有可以跟哪些對象說這些事。但在這之後，我們就需要勇敢跳入未知，開口求援。

2 卸除偽裝

美國企業家佩吉恩・埃切瓦里亞（Pegine Echevarria）從小在布朗克斯的波多黎各社區長大。那個社區雖稱不上是紐約最貧困的社區，但也相差無幾。佩吉恩的爸爸是個酒鬼，始終沒有個穩定的工作。在她十二歲時，他們一家就已經搬過二十次家，且她父親總是被交房租這事追趕。

這樣動盪的家庭環境，讓十三歲的佩吉恩成了一個脆弱、暴躁又固執的少女，當時的她看不見自己人生的方向，也缺乏自信。

「我就讀的中學大約有三千名學生，」佩吉恩說，「而我很早就了解到，大家不會跟瘋瘋癲癲的人打交道，因為他們太害怕這類型的人。所以，我會故意在走樓梯的時候，大聲唱著〈明日太陽會出現！〉這首出自音樂劇《安妮》（*Annie*）的歌。只要我這樣做時，大家都會紛紛走避，然後說『那個女孩不正常』。」

「隔天，我會繼續裝瘋賣傻，在大庭廣眾下放聲大叫『你有什麼問題？你是想跟我對幹嗎？』我知道如果他們把我當成一個瘋子，我就可以遠離麻煩。」

佩吉恩的社區有許多幫派，她這種不按牌理出牌的瘋癲作風很快就讓她成了幫派爭相拉攏的新血。她裝瘋賣傻的生存之道奏效了，她給大家的「瘋子」形象不只讓她順利得到幫派的庇蔭，還讓她省去一般人加入幫派前需要通過的入幫考驗。入幫後，她在「傢伙」上也下足了功夫：「我的夾克裡都放著幾條鍊子，從腳踏車上拆下來的那種鍊條，因為你可以隨時拿出它們，鞭打對方。」

這樣的形象和幫派給了佩吉恩過去從未感受過的一些東西：安全感、自豪感和歸屬感。「我們是一群從未覺得自己夠好、夠聰明的人，每一個人都曾以不同的方式，被人貼上失敗者的標籤。」

佩吉恩會有這樣的保護色，是因為她需要讓自己看起來有兩把刷子，成為一個不會隨便被人欺負的角色。在這個前提下，任何示弱的舉動都會讓她置身於危險之中。她的形象、幫派和名號成了她的最佳防護罩，它們不僅為她擋下了外在世界的潛在傷害，也讓其他人無法輕易走入她的內心世界。

在幫派裡，其他成員給佩吉恩取了個「瘋佩」的綽號，老實說，她維持這個頭銜的形象維持得很辛苦，但她必須這麼做，因為在他們的地盤上，所有人都將她看作一個強悍、危險和不容侵犯的人物。只不過，在這層面具的後面，那些隱藏在佩吉恩心中的恐懼和懷疑，仍然需要一個發洩的管道。

從小，佩吉恩就很熱衷書寫，一直有寫日記和寫信給自己的習慣。「那個時候我會寫下一頁又一頁的文字，一邊寫一邊哭，一邊憤怒地與上帝對話。我還會寫信給我自己，和我未來的孩子。」

「我把它們都留存下來。你可以看出我當時邊寫邊哭，你可以在頁面上看到那些眼淚留下的痕跡。」

「我沒把這些事告訴任何人，因為那時候我覺得只有我自己過著這樣的生活。我也絕對沒把這些事告訴我幫派裡的夥伴。我就這麼把滿腔的情緒，統統化做文字，宣洩到這一頁又一頁的日記上。」

加入女童軍

後來，佩吉恩的母親終於注意到她的狀況，拚命想要拉她一把，不希望看到她就此誤入歧途。她打電話向女童軍協會求救，想看看他們有沒有什麼辦法幫幫她的女兒。

於是佩吉恩參加了一個由華爾街銀行家主辦的計畫，這個計畫是專為問題少年設計的活動，目的就是想幫助這些少年看見不同的可能性。參與這項計畫的第一天，佩吉恩堅持要穿著她幫派的夾克去報到。抵達現場時，她發現現場有兩個來自其他幫派的少女也跟她一樣，穿著自家幫派的制服現身，因為這樣的武裝對她們很重要。

「B小姐走了進來，對我們說，『嗨，女孩們，歡迎參加我的計畫。我不會要妳們去賣愛心餅乾、玩藝術或做什麼工藝。我只會帶妳們去市中心，讓妳們看看所謂的女漢子到底是什麼樣子。妳們唯一要遵守的規則，就是必須戴著這頂帽子。』」

「每週三下午，我們都會去曼哈頓。每次我們三個有著一頭超長頭髮的女孩，都會穿著幫派的夾克、戴著女童軍的帽子跟在B小姐身邊。B小姐會觀察街上的行人，一旦看到某個看起來專業幹練的女性，就上前攔下她，然後對她說，『請跟這些女孩說說您是怎樣成為現在這個樣子的吧，因為您是位女強人，不是嗎？』這些女人都會接受B小姐的請求，不過我注意到，她們在與我們交談的過程中，都會把手中的包包稍微握緊一些。」

「B小姐幫助我們看見了另一種可能性。我們發現自己不一定要以強悍、暴躁的形象示人，在另一個世界，我們也可以用這樣堅毅、自信又自帶強大氣場的態度待人處事。」

加入女童軍是佩吉恩人生的第一個重大轉捩點，爾後她還會歷經許多轉折，一步步成為成功的女企業家，以及全美知名的電視名人。

這項計畫並沒有讓她們卸除偽裝。當時佩吉恩和另外兩位女孩還是沒有退出幫派的念頭，但這項計畫的確讓佩吉恩看見了另一條不同的路，也開始慢慢為自己開闢出一條全新的道路。

絕大多數人不願開口尋求幫助和支持，很可能都是因為太害怕自己會顯得很狼狽。就某種層面來說，我們都跟佩吉恩一樣，用著不同形式的幫派夾克和鍊條偽裝自己。我們都跟佩吉恩一樣，曾有某些時刻站在樓梯頂端高歌《安妮》這首歌，然後回家邊哭邊寫日記。

當然，我這麼說只是一種隱喻——至少大多數的情況下都是如此。時至今日，在 Instagram 傳個搭配著一、兩句勵志小語的自拍照，或在臉書發些彰顯自己是無敵強者的文章，才是現代人偽裝自己的手段。

我們寧願營造自己過得很好的假象，把苦默默往肚裡吞，也不願意讓別人覺得自己很脆弱。

我們寧願營造自己過得很好的假象，把苦默默往肚裡吞，也不願意讓別人覺得自己很脆弱。

佩吉恩在一步步遠離街頭，邁向成功企業家的路上，了解到了誠實、敞開心扉和真實的重要性。

「現在我知道，袒露自己的脆弱、與別人分享我的感覺、想法和經歷是我的力量。我選擇不再把自己偽裝成某個角色，也不再粉飾我自己的感受和想法。我了解到袒露自己的脆弱，能讓我成為一個更有人性、更可靠、更敏銳和更真誠的人。我敞開我的心扉，雖然對大部分的人來說，這樣的舉動會令他們感到心慌意亂，但對我來說，這卻是一種救贖和超能力。」

其他人的想法

我們認為在別人面前，自己必須看起來很體面的想法，全都是出自於自己的一連串想像。我們在敞開心扉、告訴其他人我們的想法或感受前，就會先在內心上演小劇場，揣測別人會做何反應，又會對我們的話有什麼想法或意見。

不過，有太多時候，我們內心的這些小劇場都不是事實。不信的話，你可以回想一下，過去你鼓起勇氣跟最親近的親友吐露心中的煩惱時，他們是不是多半都給了你很正面的回應？我不是全盤否定我們內心的這些小劇場，但它們確實不是永遠都是對的，而且常常會因為我們的恐懼而失真。只不過，這樣的想像會阻止我們採取行動，所以我們往往都無法認清這個事實。

我認為，在意其他人會怎樣看待和評斷，是阻礙我們如實呈現自己生活面貌的首要因素。可是，最哀傷又諷刺的事實是，我們每一個人都有著相似的顧慮、相似的恐懼和脆弱，但卻都選擇戴上面具，把這一切隱藏在偽裝之下，過著互打啞謎的日子。

在意其他人會怎樣看待和評斷，是阻礙我們如實呈現自己生活面貌的首要因素。

我有個跟我支持同一隊美式足球隊的朋友，就是最好的例子。每次見到他，他臉上都掛著笑容，看起來十分享受人生，也享受各種社交場合，聽到他有過想要結束自己生命的念頭時，我著實嚇了一跳。不過後來他發現許多一起看球賽的男性都有相同的處境，只不過為了符合社會的刻板印象，他們在人前總表現得一副「活潑開朗、自信滿滿」的樣子，但私底下也深受情緒低落和自我懷疑所苦。

在世界各地，任何「哥兒們」聚在一起看球賽的場合中，多多少少都有幾個人其實正面臨一些挑戰，譬如人際關係出狀況、工作不開心或經濟有困難等。不過當下你根本不會察覺到這些，因為你只會看到他們開心地笑鬧、喝酒、歡唱和乾杯。他們就像是人形化的孔雀，不斷向眾人炫耀他們華麗的尾羽。尤其在看球賽這種陽剛味十足的場合，會讓他們更不願意在此時袒露自己的脆弱。每個人都必須把自己偽裝得無懈可擊。

或許對他們來說，那是個逃避現實的時刻，不適合談論那些問題；在那段時間裡，他們只想藉著球賽和友情暫離日常的煩憂。但假如我們願意脫下面具，一切會變得怎樣？假如這群哥兒們願意利用這幾個小時的相聚時刻，互相分享彼此的難處和傷痛，一切會變得怎樣？假如他們發現其實有人正經歷著跟自己相同的事情，又會對他們產生多大的幫助？

在這個卸除偽裝的片刻，有時候，就會有一些人跟我的朋友一樣，突然爆出自己曾企圖自殺的消息。不過這個例子還是很清楚地呈現出，大部分人在群體中都情願假裝自己過得很好，而無法把握可與人分享心裡話的機會。

戴上面具

擔心其他人的想法甚至會讓我們活得很虛假，把自己偽裝成完全不同的人。

一九九二年，傑羅米・約瑟夫（Jerome Joseph）還只是個十幾歲的少年。有一天他和三個女性友人出去時，遇到一群人多勢眾的地痞流氓，他們不斷騷擾他的朋友。為了保護那些女孩，傑羅米挺身而出，無奈對方是十個人高馬大的男人，勢單力薄的他只有被痛打的份。對方先是從他背後打了一拳，又在他倒地時，對他一陣拳打腳踢。

「他們離開後，我憑著仍在血管中流竄的腎上腺素站了起來，」傑羅米說，「我走到了一家商店的櫥窗前，盯著它反映出的倒影檢視自己的狀態。」

「我注意到的第一件事是『我的花襯衫破了』。為了這件襯衫，我花光了所有的零用錢，看到它破了好幾個洞的時候，我的心簡直在淌血。不過這不是我注意到的唯一一件事，我還發現我的臉腫得跟西瓜一樣大。」

「我盯著櫥窗看的時候，同行的女孩從我身後跑來，所以我轉頭問她們，『妳們能不能幫我看看這件襯衫還有哪裡破了？』她們看向我的背部，然後突然放聲尖叫。」

「我被她們的叫聲搞得一頭霧水。心想，『襯衫是破得多嚴重？』於是我扭過頭，望向我的背部，就在那一刻，我看見一把短刀插在我的背上。」

傑羅米被刺了十五刀，不但肺臟被刺穿，其中一刀還差一英寸就刺到心臟。儘管這場意外在他身上留下了難以抹滅的傷疤，但比起身體的傷，他的心理受到更大的衝擊。這個心理的衝擊並不是來自這場意外本身，而是發生這場意外後，他生活圈裡的人對他的反應。

傑羅米說，「我的家人、朋友和社區裡的人都開始閃避我，因為沒人想跟一個被捅過的人混在一起。別忘了，這件事發生在九〇年代，那時候所有的消息多半還是靠口耳相傳來互通有無。不知道怎麼傳的，我就被說成了一個在逞凶鬥狠時受了傷的壞傢伙。」

「有一幕我到現在還記得很清楚。有一次我去參加一場社區活動，那裡也同時有許多孩子在一起玩。就在我跟他們玩得正開心的時候，他們的媽媽突然走了過來，迅速地把他們從我身邊各自帶開。這些媽媽不想她們的孩子和我玩在一起，因為我是個渾身刀疤的壞傢伙。我很震驚之外，也覺得自己讓家人蒙羞。我的家人原本以身為社區的一份子為榮，此刻卻因為我的往事抬不起頭。」

迫於這份羞愧感，傑羅米跟他的父母說，請他們再也不要提起這個意外，就假裝這件事從來都沒有發生過。他的父母也認為，這對他的人生、職場或其他人看待他的眼光來說，是最好的選擇。

「因此，我把這件事裝進了箱子，也把那件事帶給我的痛苦和恐懼一起封裝進去，然後將它深藏在某個角落。我告訴自己，這件事沒有發生過，它從來沒有發生過。忘了它，你就不會因它而蒙羞。」

我把這件事裝進了箱子，也把那件事帶給我的痛苦和恐懼一起封裝進去，然後將它深藏在某個角落。我告訴自己，這件事沒有發生過，它從來沒有發生過。

傑羅米將這段往事埋藏了三十年，直到有一次他到亞洲參加一場專為職業演說家舉辦的研討會，才在一場講座上，將這件事說了出來。選擇說出這件事的過程使他了解到，他過去絕口不提這件事的行為，也同時把自己一部分的靈魂、信念和勇氣都鎖進那個箱子。

寫下這段演講稿，還有分享這段故事的時候，傑羅米也一步步將這部分的自己釋放了出來。他漸漸理解到，他根本不該因為這件事而抬不起頭——事實上，他還應該受到完全不同的對待。當時他挺身救了三個女孩，但他的英勇卻沒有得到任何讚揚。

然而在過去三十年間，傑羅米都沒有認清這個事實，反倒接受了其他人對這件事的解讀，選擇將這段傷痛塵封心底。究竟這樣的選擇對他過去三十年的日子造成了多大的影響，而此刻他的這個簡單舉動又會對他往後的人生帶來多大的動力？

為什麼假裝自己很好只會招來反效果

我們每個人大概都戴著或大或小的面具——我們說不出口的事情有很多，這些事有可能是生活中的小挑戰，也可能是人生中的大創傷。然而，每次我們選擇把自己的這些難處打包裝箱，就是選擇不讓其他人看見自己真正的樣貌；這會讓我們更不容易找到解決這些事情的方法，也更不容易毫無顧忌地邁步向前。

> 每次我們選擇把自己的這些難處打包裝箱，就是選擇不讓其他人看見自己真正的樣貌。

但一般來說，我們向他人展現出自己脆弱的一面時，大家都會給予正向的回應。以傑羅米為例，他在亞洲那場演講中的分享，就得到了極大的正面回響。

當然，凡事總有例外，不見得所有人都能給予你溫暖的回應，這件事對心智尚未成熟的孩童更是如此（佩吉恩就讀的那種大型公立中學就特別容易發生這種情況），但依我個人的長期觀察，我認為找到我們信任的人，並與他們分享自己的心裡話，可以讓彼此建立更深厚、更有意義和更長久的友誼。除此之外，這樣的舉動也能讓我們更真誠、自在地做自己。

我們敞開心扉與人坦承內心的想法時，會讓彼此之間產生一股更緊密的連結。對方會發現我們也是個不那麼完美的凡人——就跟他們一樣——而這樣的認知，也會讓對方不再對我們抱有非要一較高下的競爭心理。

我們敞開心扉與人坦承內心的想法時，會讓彼此之間產生一股更緊密的連結。

假如我們不願對他人吐露心聲，純粹是因為想在別人面前看起來很體面，那麼這樣的舉動反而會幫倒忙。沒錯，有的時候我們確實是需要讓自己看起來很積極正面，但你在找尋解決事情或解開你內心束縛的方法時，請千萬不要這麼做。

3 柔弱勝剛強

想讓自己成為強者，或是想讓自己看起來很強大這件事，與前一章說到的，想讓自己看起來很體面，其實是密不可分的兩件事。

準備這本書的素材時，我訪談了許多人，發現「練就厚臉皮的本事」和「捍衛自己的需求」這個主題一而再、再而三地被提起。我認為人類的這種自我保護行為主要是出於後天的養成。譬如，我們會告訴被霸凌的孩子，你必須「為自己挺身而出」；或是告訴深受不安和懷疑所苦的人，你必須「靠自己振作起來」。

這些話都沒有錯，也有它的道理。復原力儼然成了時下最夯的主題，不論是企業研討會、學習成長營或各式培訓課程都會提到它。然而單憑復原力是無法幫助你度過那些暗黑時光的。事實上，接受自己或許不如你想像中的那般強大，或者承認自己也有脆弱的一面，反而能強化你的復原力，因為它會讓你願意接納其他人對你的幫助和支持。

接受自己或許不如你想像中的那般強大，或者承認自己也有脆弱的一面，反而能強化你的復原力。

在其他人的引導下，我們走到目的地的過程會輕鬆許多。

堂娜的成長過程

堂娜・聖露易絲（Dawnna St Louis）的剛強性格就是後天的生長環境所促成的。如果你有機會認識現在的堂娜，一定會覺得她是一位非常成功、獨立又充滿力量的女性。可是，事情往往不如你表面上看到的那般簡單，堂娜此刻對外展現的堅毅形象，背後其實隱藏著許多不為人知的辛酸故事。

堂娜告訴我，她到四十幾歲時才有辦法信任其他人，並輕易接受他們的幫助。在學會這件事之前，她經歷過許多嚴酷的考驗，還曾自殺未遂兩次，之後她才願意敞開心扉讓其他人進入她的世界。

堂娜的母親是非裔美國人，父親則是牙買加和義大利混血。雖然堂娜出生在美國人權領袖馬丁・路德・金恩（Martin Luther King）被暗殺後的一九七〇年代初，但她當時生長的美國南部仍留有種族隔離政策的遺毒。堂娜說，她七歲的時候，他們就舉家從加州這個以中產階級為主的「種族大熔爐」，搬到了佛州的「邁阿密貧民窟」與她的祖母同住。

堂娜的外貌比較像拉丁裔，有著深色的捲髮和淡褐色的眼瞳，由於他們居住的邁阿密社區多是非裔美國人，這樣的外貌使她有些格格不入。堂娜也的確因此被霸凌過——就因為她長得跟其他孩子不一樣。

對這個年僅七歲的小女孩來說，這段從加州郊區搬到佛州的種族歧視經歷，著實給了她相當大的文化衝擊。只不過這樣的文化衝擊跟她後來搬出祖母家的經歷相比，還算是小菜一碟。後來她與母親搬到一個以古巴人為主的社區，在沒半點古巴血統，又不會說任何西班牙話的背景下，堂娜受到了更嚴重的霸凌和種族歧視。不過，當時家裡的大人告訴她，她必須為自己而戰，所以她發現自己每週都在打架。

「過上一段這樣的日子後，你就會失去孩子應有的純真和脆弱，還有坦誠的能力。」堂娜跟我說，「我在成長過程中被灌輸的觀念就是，開口求援是很軟弱的行為，你最好想辦法為自己而戰。」

跟佩吉恩一樣，堂娜發現她架打得越多，別人就越敬重她。於是，她選擇用這樣的剛強形象走跳江湖，把她的脆弱和一切正面情緒深藏起來。

「那時候我真的很強悍、硬派。就算別人只是對我開了一個小玩笑，我也可以一瞬間變臉、拳腳相向，只為了讓大家知道，我不是好惹的軟柿子。但事實上，我的內心非常柔軟，也很容易受傷。每次打完架，我都會在淋浴時痛哭，或是在睡覺時暗自流淚。然後到了隔天，我又會像個沒事人般，重複上演這一切。」

> 就算別人只是對我開了一個小玩笑，我也可以一瞬間變臉、拳腳相向，只為了讓大家知道，我不是好惹的軟柿子。但事實上，我的內心非常柔軟，也很容易受傷。

兒時的堂娜大概每三年就會搬一次家，這意味著她在童年時期沒什麼機會與同齡者建立穩固的人際連結。有幾次她好不容易覺得自己能信任某些人，開始向他們傾訴一些內心話，但只要一搬家，他們的這份情誼就會隨之瓦解。因此，她也慢慢養成了不對他人吐露心聲的習慣。

這真的是上天賜予的祝福嗎？

堂娜在十七歲的時候懷孕了，不過更糟的是，她的女兒媞雅出生後，才活了五個月就夭折了。她悲痛萬分，但一個長輩卻對她說，這是最好的結果。「妳打算怎樣養大這個孩子？」那位長輩問她。「她能這樣走了真的是上天賜予的祝福，對吧？」

「在我的家族裡，沒有頂嘴這件事。大人說的話就是真理。」所以她只能聽從那位長輩的意見，打起精神，繼續過日子。

到了十九歲的時候，堂娜知道她必須離開現有的生活環境，並翻轉自己的人生。另一位成年人對她說的一段話，正是刺激她實踐這個想法的關鍵。

「那時候有個輔導員告訴我，照我的成長軌跡來看，我之後頂多成為一個有五個孩子的女人；而且他們之中有三個會入獄，一個會橫死，還有一個會步上我的後塵。至於我的後塵是什麼，他說是嚴重的毒癮問題。還說我一輩子都到不了奧蘭多的北端，只能靠政府的補助、孩子和自己的身體餬口。」

當時堂娜有一台老舊的二手車，是她花三百美元買的。為了證明那個輔導員說的話是錯的，她跳上車，毫無目標地一路向北駛去。她就這樣一路開到了奧蘭多的迪士尼，不過她並沒有就此停下，還是繼續往北開。

「開了十二小時的車後，我決定睡個覺。身為一個從小在街頭打滾的孩子，我知道我最好不要把車開到休息站的停車場停靠。因為對單獨行動的女子來說，那裡就像一座危險的狩獵場。所以，我把車開到了樹林的深處。但到了早上，我準備發動車子時，卻發現車子發不動。就這樣，我陷入了孤立無援的窘境。」

「如果你一直給我東西吃，我就永遠餓不死！」

在身無分文，又無法修車的情況下，堂娜在那片樹林裡餐風露宿地生活了兩年。期間她有去附近的城鎮乞討過，但她不願向其他人直接尋求幫助，或者應該說，這件事對她來說非常困難。

最後在前途無望的情況下，堂娜甚至打算自殺。

幸好她沒有真的這麼做。她決定再給自己一點時間，反正她很快就會因為沒東西吃而餓死。即便是在這個時候，堂娜仍保有她的骨氣，不想讓自己成為輔導員口中的那個模樣。

距離她的車子大約半英里的地方，有個基督教青年協會（ＹＭＣＡ）。她知道那裡的負責人帕爸每天一大早都會出來，一邊聽著手提收音機放出的響亮樂音，一邊擦洗窗戶。堂娜決定背水一戰，做出一些完全背離她本能的舉動──向他尋求幫助。

「我走到那裡，請他讓我洗個澡。我告訴他，我只是想趁自己還沒斷氣前，先把自己洗乾淨。我只是想讓自己的遺體被發現時，能有個乾乾淨淨的樣子──如果我媽媽有找到我的話。我一邊說，眼淚也無法控制地滾落臉頰，這讓我覺得丟臉到不行。」

「不過我的防衛心還是很重，我在沖澡的時候，從來沒有把眼睛閉上過，就連衣服也沒有完全脫光。我穿著濕淋淋的衣服走出淋浴間時，帕爸就像是讀透我的心思般，對我噗哧一笑。誤解和無以回報他善意的羞愧感令我脹紅了臉，我飛快地對他說了一句『謝謝』，就衝向會館的大門口。」

「但他卻對我說，『別客氣，明天見。』」

「他的回應讓我停下了腳步，我反射般地回頭問他，『你說什麼？』他說，『明天再來這裡吧。如果妳今天沒死，明天妳還會需要再洗個澡。』」

隔天堂娜又回到了那裡，接下來的幾天也是如此。只是後來她都有用清潔會館窗戶和健身器材等工作，來回報帕爸讓她洗澡的恩情。清掃期間，她和帕爸也會聊上幾句。

「隔天在我淋浴之前，帕爸要我吃他的早餐。我餓扁了，肚子也因為蛋和培根的香氣咕嚕咕嚕地叫了起來，但我對他的好意仍存有戒心。『我自己一個人吃不完，這樣它們全都會進到垃圾桶，所以妳就放心地享用它們吧。』語畢，帕爸把那盤食物留在櫃台，轉身離去。等他再度回到櫃台前時，盤子裡的食物已經一掃而空，我也已經把自己關到淋浴間。我大喊，『如果你一直給我東西吃，我就永遠餓不死！』」

「這是我第一次如此赤裸地對別人道出內心的脆弱，我被自己的舉動嚇壞了。但隨著我不停思考他到底想從我身上得到什麼，那種因脆弱被人窺見，突然湧現的窘迫感很快就消失了。」

這是我第一次如此赤裸地對別人道出內心的脆弱，我被自己的舉動嚇壞了。

不過令堂娜震驚的是，帕爸從未向她要過什麼回報。後來她找到了一份工作，存了一點錢，有一天，她帶著七十美元回到了那個基督教青年協會。這筆金額對當時的她來說，是一筆大錢，但她想要以此償還過去帕爸供她洗澡和餐食的費用。

可是帕爸回絕了這筆錢，而且他還不是唯一一個這麼做的人。在樹林裡發現堂娜汽車的斯邁力警官，也做了同樣的事。

堂娜本來以為，斯邁力警官會把她帶回局裡盤問，但他沒有。他只是每天帶著花生果醬三明治，坐在她的汽車引擎蓋上吃午餐。幾週之後，他就把她介紹給當地的一位生意人，FJ先生（FJ Pillack）。

FJ先生不但給了她一份工作，還幫她在公司對街的汽車旅館租了一個房間，讓她在有足夠的經濟能力前，能有個安身之處。堂娜本來要他直接從她的薪資裡扣除這筆金額，但就跟帕爸一樣，FJ先生拒絕了。

「我對他們這樣毫無理由地對我好，感到很不自在。身為一個一直被告知要靠自己站起來的人，我實在想不透他們為什麼要這樣無條件地善待我。我覺得他們對我一定別有居心。在貧民窟長大的經驗讓我覺得，一切事情都是有代價的。」

「可是這三個男人都對我非常好，也從來沒有向我要過任何東西。這讓我受寵若驚。」

堂娜就這樣在ＦＪ先生的幫助下日漸茁壯，二十六歲的時候她開始了自己的技術諮詢事業，到了三十九歲，她就賣掉了這間公司讓自己提早退休。

耀眼的光芒就是從這些裂痕綻放

在堂娜的故事中，我們可以看到一個狀況：自幼年起，她就一直因為外貌的關係，不斷被各個社區排擠；爾後為了證明她夠強大，不需要其他人的幫助，她才養成了凡事都靠自己、不求人的剛強性格，同時也發現這樣的形象能讓自己打入人群。由此可知，堂娜如果要跳脫這樣的狀況，學會示弱，並接受其他人的幫助是最重要的一個環節。

「很多時候，我們都會擔心別人對我們的舉動、外貌和生活有意見，但其實根本沒這回事。這一切都是我們自己的想像在作祟。是我們的無知助長了這股意念，並任由這些想像中的意見左右了自己的人生。」

這一切都是我們自己的想像在作祟。是我們的無知助長了這股意念，並任由這些想像中的意見左右了自己的人生。

「我越是以真性情示人，就越不在乎別人怎樣想我。我越是展露自己脆弱的一面，別人就越是覺得我勇敢，也越多人能與我——真實的我——產生連結。後來我聽到這句很棒的話：『讓眾人看見這些裂痕，因為耀眼的光芒就是從這些地方綻放。』[5]」

在本章的開頭，我有提到「想讓自己看起來很強大」和「想讓自己看起來很體面」，其實是密不可分的兩件事，我認為堂娜的故事完美地說明了這一點。她從小的生長環境造就了她的剛強性格——霸凌、種族歧視，以及家人告訴她「必須為自己而戰」。

同時，造就她這份剛強性格的背景也讓她有了一個觀念：大家都只關心自己，只會做對自己有利的事。換句話說，不會有人幫了你，卻不求任何回報。過去的堂娜就是被這樣的觀念困住，所以她非常難開口求援，也非常難接受其他人提供的幫助。

試問，你是否也有相同的狀況呢？你能輕易接受旁人對你的幫助和支持嗎？你能當機立斷地開口求援嗎？或者，你覺得自己必須扛住一切，才能向別人和向自己證明，你是一個獨立、強大又有能力的人？

不要害怕開口求援，你要知道，即便是那些名人翹楚也都會請人幫忙。譬如，世界頂尖的運動明星會請教練幫助他們找出弱點，使自己的技藝更上一層樓；一流的企業家也會請顧問幫助他們釐清局勢，使自己走出更好的下一步。只要你願意開口讓別人知道你的難處，讓他們知道能怎樣幫你，就可以在面對這些挑戰的路上得到更強大的支持。

我們需要重組我們對脆弱的看法，不再把它和弱者和失敗畫上等號，相對地，我們應該把它看作是取得勝利的一個環節。

「想讓自己看起來很強大」不該是你不開口求援的理由。事實上，願意敞開心扉接受各方給你的幫助和支持，反而更能讓人看見你發自內心的強大力量。

4 你不孤單

每次我在研討會上討論脆弱這個主題時，都會做一個簡單的活動，幫助大家看清某個非常重要的事實。

演講前，我會請主辦單位在每一位聽眾的位子上，準備兩塊色板——一塊紅色，一塊綠色。開始演講後，我會在某個階段對聽眾提出三個問題。這些問題都是這些聽眾可能面臨的挑戰，像是要有效消化不同任務和案子帶來的壓力、在會議上自信發表意見，或看清自己接下來幾年的職涯前景。

我每提出一道問題，就會請有相關挑戰的聽眾，依照以下規則舉牌：如果此刻還在這個挑戰之中，舉紅色的色板；如果已經成功度過這個挑戰，舉綠色的色板。雖然這個活動十分簡單明瞭，但它卻能帶給聽眾極大的震撼。

每一位聽眾都面臨過這些挑戰，而且絕大多數的人都覺得自己在面對這些挑戰時，是孤身一人。他們或許會覺得其他人不懂自己正經歷的狀況，或是如果他們把這件事跟別人說，會顯得自己很可笑。不過每一次我做這樣的活動時，他們都會突然發現，原來坐在自己身邊的那些人，都懂他們所面對的苦惱。每一個人幾乎都會舉起或紅或綠的色板，只有極少數的人沒有舉起任何色板。

我們在與日常中的挑戰搏鬥時，都會有種孤軍奮戰的感覺。看著我們四周的朋友、家人、同事和其他人時，我們會覺得他們好像擁有一切，並羨慕他們過著如此一帆風順的人生。又或者，看著舞台上的演講者，或讀著那些我們最欣賞的人寫的書時，我們會希望自己能把所有事都做得跟他們一樣好。

但我們其實都被自己的這些想法矇騙了。

幾年前，我在一個工作場合遇到了一位令我印象深刻的女性。她的打扮俐落，應答簡練，其他人需要知道和做到的事情，她都交代得一清二楚——而且每一句話都很有條理。她的自信和能力，掌控了整個現場的節奏。

幾週之後我對她有了更多的了解，兩人也相處融洽，最後我約了她，跟她在非工作的時間碰了面。我告訴她，第一次見到她時，對她有怎樣的印象，但隨著越來越認識她，我對她又有了怎樣的看法。「雖然妳展現出的形象很剛強、很令人印象深刻，」我說，「但我覺得妳的內心存有很多的疑慮和恐懼。」

那一刻，她像是聽到了什麼魔咒般，整個人癱軟了下來。我知道當時我把話說得很直白，但後來我發現，許多人聽到這樣的話都會出現跟她一樣的反應。我們都戴著面具生活，想要對外人展現出最好的一面，害怕自己的缺點和心中的疑慮會讓我們變成異類。因此一旦有人允許我們摘掉面具，我們就會感到如釋重負。

如果我們平常也可以帶著紅、綠色板行動，讓別人看見我們的脆弱，生活就會輕鬆許多。但是事情並沒有那麼簡單。因此在那些沒有色板輔助的日常中，我們一定要不斷提醒自己「我們並不孤單」。

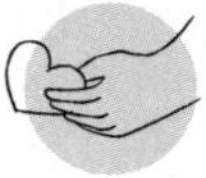

如果我們平常也可以帶著紅、綠色板行動，讓別人看見我們的脆弱，生活就會輕鬆許多。但是事情並沒有那麼簡單。因此在那些沒有色板輔助的日常中，我們一定要不斷提醒自己「我們並不孤單」。

別以為其他人是完人

我在上文說過，我們會用怎樣的眼光看待名人、講者和作家，並且羨慕他們能有如此完美的人生。不過最近出現在媒體上的許多故事，應該讓大家開始漸漸明白，他們的生活並不如你想像中的那樣美好。事實上，我坐在電腦前打這一章內容時，英國的媒體正大肆報導，前英格蘭國家橄欖球隊的國際球員達尼・奇普里亞尼（Danny Cipriani）在前女友輕生後（即電視節目主持人卡羅琳・弗拉克〔Caroline Flack〕），他是如何力抗自殺念頭的消息。

在我書寫這本書的過程中，這類故事變得越來越普遍，但它們可不是現在才有，而是以前很少人會把它們攤在檯面上分享。

足球員利昂・麥堅時（Leon Mackenzie）就分享過這類經驗。他說，那天是他「足球生涯中最棒的一天」，因為他在卡諾路球場，替他的隊伍逆轉勝，拿下了英格蘭足球超級聯賽的勝利。當時他是諾維奇城足球隊的前鋒，在球賽的第66分鐘，從接近罰球點的位置截到了對手的球，並一股作氣地射門得分。這在他十五年的足球職涯中，絕對是非常有紀念性的一刻。更重要的是，當時他們的對手是眾星雲集的曼聯隊，韋恩・魯尼（Wayne Rooney）和克里斯蒂亞諾・羅納度（Cristiano Ronaldo）等足球明星都是該隊的成員。這樣的勝利讓諾維奇城隊的球迷樂壞了，當晚他們舉杯狂歡，直至深夜。然而，當時與眾人一同慶功的利昂，心中其實並沒有表面上那般開心。

「我贏得對戰曼聯和切爾西的比賽時，正經歷著人生的最大低潮，但沒有人知道這件事。」利昂告訴我，「我終結了我慘烈的婚姻，孩子跟媽媽，我很想念我的孩子。」

「比賽時，我憑著腎上腺素馳騁球場，但比賽結束，我回到家，關上大門，坐在沙發上時，腦中想到的，就只有我的孩子。我很想看看他們，但我不能。」

名人也是凡人，在光環之下他們也有很多煩惱。以利昂來說，他在公眾場合和私底下呈現的樣貌就相當南轅北轍，而這樣的反差也對他的心理健康造成了非常大的影響。

「達成這麼大的成就，內心卻感到如此孤單，會讓人更加多愁善感。如果你是個花錢看比賽的球迷，你根本看不出場上的那些球員私底下過著怎樣的人生，即便他們才剛在九十分鐘的球賽中贏得勝利。」

「在球場上我把自己偽裝得很好。我是個很棒的演員。我會活力四射地走進練習場，沒有任何人知道我內心的苦澀。我會這樣，一方面是想顧全身為男人的面子，一方面也是因為我是個會被人品頭論足的公眾人物。坦白說，真的沒有人想要這樣被大眾說長道短。」

利昂在當職業足球員的時候，一直深受憂鬱症所苦，但他從未向任何人提起，只是默默地單打獨鬥。直到利昂為查爾頓競技隊效力時，這一切才來到了某個臨界點。當時他的足球職涯已走到了尾聲，受傷是壓垮他的最後一根稻草。某天下午他在練球時拉傷了大腿後肌，離開練習場後，身心的煎熬讓他終於對他的母親敞開心扉。他打了通電話給她，告訴她，他必須退役了。這是他第一次向別人傾吐這件事，然後他做了一些非常激進的舉動。

有一陣子，利昂一直用各式各樣的毛病，讓查爾頓的隊醫開各種不同的藥給他，但他沒有吃，只是把它們偷偷地收在一個罐子裡。那次他大腿拉傷，離開練習場，回到隊伍巡迴比賽時下榻的飯店後，他拿出了那罐藥，然後把所有的藥丸吞下肚。

「我沒有跟我的家人住在一起，我見不到我的孩子，我什麼都沒有。我真的很孤單。我的心壞掉了。我知道我無法為我的職涯畫下一個圓滿的句點，所以我選擇這麼做，讓自己拋下這一切。」

所幸，利昂吞下藥後，有馬上打了通電話給他的父親，他父親不到二十分鐘就趕到了飯店，及時將他送醫治療。

我是查爾頓的球迷，也很關注利昂的表現。但在看台上，我和其他同好根本看不出他有這樣的故事；我們既不曉得他正在跟他心中的惡魔搏鬥，也沒想到受傷和即將退役的恐懼會對他造成這樣的影響。

萬幸的是，利昂在當職業足球員的時候，社群媒體還沒像現在這樣蓬勃。我訪談完利昂後，去推特看了一下網友對查爾頓隊的評論，被上面的狀況嚇了一大跳。球隊輸球時，網友會瘋狂地詆毀球員（球隊在下一週贏球時，他們又會極力地神化這些球員），而且他們還會標記這些球員的社群帳號，以確保他們的發文會被這些球員看到。

在這樣的環境下，也難怪我們會越來越常聽聞名人精神崩潰的消息。如果你本來就對自己的狀態存有諸多疑慮，這些陌生人發出的成千上萬則辱罵言語，只會讓情況變得更糟。

我們都一樣

從比較正面的角度來說，我覺得大家心中都要有一個很重要的觀念，那就是「每個人都有自己要克服的難題，就連我們最敬佩的人也不例外。」

每次有人跟我說，他們絕對無法像我這樣，在公眾場合自信發言，我跟他們分享的第一件事，一定是我在準備大型演講時的感受。我會告訴他們，直到登台演講前，我腦中都還會有個負面的聲音說我不過是個草包；我會告訴他們，我很害怕自己一上台就把要說的話都忘得一乾二淨；我會告訴他們，我的身體會因為擔心接下來的演講出現怎樣的生理反應（心跳加速、不停冒汗，還有狂跑廁所）。然後他們就會跟我說，他們看我在台上的樣子，完全想像不到我竟然會有這些狀況要克服。這時我會對他們勉勵，「沒錯，所以如果我可以做到，你們一定也可以。」

我在第一章分享過，哈蒂・韋博在丹麥的舞台上昏倒後，為什麼必須去學習克服焦慮感的事情。在這段過程中，她從兩位共事的大明星身上得到了最大的支持，一位是李歐納・柯恩，一位則是美國搖滾巨星湯姆・佩蒂（Tom Petty）。

哈蒂告訴我，「隨著社會風氣越來越開放，現在也越來越多人願意向別人坦承自己心中的焦慮感、不足感，或是表示自己有冒牌者症候群（imposter syndrome）。說出這些話的人都是那些你意想不到的人——或許是他們的成就，讓我們覺得他們的人生幸福又美滿。」

「我認為有顆柔軟、敏感的心非常重要，尤其是在創意產業，只是我們要懂得與人分享和交流。當你明白這是人人都會有的感受和顧慮，一切就會大不相同。」

「我們到德州的奧斯汀演出時，登台前，李歐納煮了一壺咖啡。他把咖啡倒進杯子時，我可以看到他的手抖個不停。然後他笑著轉過頭對我說，『我已經做了四十五年的歌手了，但還是……』我對他回以微笑，知道我們都一樣，都有脆弱的一面。」

「我們跟湯姆・佩蒂和傷心人樂團（Heartbreakers）一起巡演時，在溫哥華開唱的那一晚，湯姆在走向舞台的途中轉身對我們說，『我好緊張。』那一刻我覺得自己放鬆多了，因為原來湯姆也會緊張。」

「不論是誰，只要有人跟你談起他們的脆弱，你都會感到莫名的安心。這是因為，一旦你覺得有人跟你站在同一陣線，那些挑戰就不再會對你造成那麼大的不安。」

不論是誰，只要有人跟你談起他們的脆弱，你都會感到莫名的安心。這是因為，一旦你覺得有人跟你站在同一陣線，那些挑戰就不再會對你造成那麼大的不安。

5 怎樣信賴他人，並成為一個值得信賴的人？

那一天是澳洲的母親節，凡妮莎．霍爾（Vanessa Hall）的九歲兒子把早餐送到她的床邊，同時獻上他在學校做的母親節卡片。凡妮莎打開那張卡片，讀著她兒子寫給她的真摯文字：「我的媽媽很有愛，也很會照顧人。」她讀道，「她很喜歡買衣服，也很喜歡寫作和閱讀。有時候她會做到答應我的事，但我媽媽最好的地方是她永遠都守在我身邊。」

「這張卡片真的很窩心，」凡妮莎告訴我，「但我問他，為什麼你寫『有時候』？有時候她會做到答應我的事？」

「他說，『妳沒有每次都做到答應我的事。』我問，『像是什麼事？什麼時候？舉個例子給我。』『嗯，像幾週前的週末，妳說我們會去看電影，但後來我們沒去。』」

「我腦中浮現那天的情況。想到後來突然有一堆事要忙，一大堆人找我討論事情，所以這件事就不了了之了。我跟他說，『但我沒有答應你那件事。』可是他對我說，『但我覺得妳答應我了。』」

我跟他說，「但我沒有答應你那件事。」可是他對我說，「但我覺得妳答應我了。」

「於是我開始思考我跟他做過的所有事，然後我也開始思考我們跟每一個人做的所有事。我問他，『我這樣做的時候，有發生什麼事嗎？會讓你覺得怎樣嗎？』他坐在我的床沿，看著我的眼睛對我說，『我會不知道什麼時候可以相信妳。』」

她兒子直言不諱的告白大大震撼了她。於是凡妮莎下定決心，要弄清楚是什麼讓我們相信別人，又是什麼讓別人信任我們，還有破壞彼此信任關係的舉動和原因有哪些。至此之後，她就一直把工作的重心聚焦在這個主題上，甚至寫了《商場信任的真相》（*The Truth About Trust in Business*）[6]這本精彩的著作。

雖然對有些人來說，敞開心扉、分享自己內心最深處的各種憂懼和挑戰，可能不是什麼難事，但對有些人而言，這簡直就像不可能的任務，即便是面對他們最親近的朋友和家人，他們也很難卸下一絲武裝。我們各自都有一套相信別人的標準，且這套標準與我們的成長歷程和生活經驗息息相關。

我想跟凡妮莎好好談談，這樣能更了解我們是怎樣相信或不相信其他人，還有我們可以做些什麼，進而從人群中找到值得我們信任的人。如果我們不能為自己打造一個值得信賴的親友團，我們就很難安心地對其他人敞開心扉、釋放出那個最透明、最脆弱的自己。

如果我們不能為自己打造一個值得信賴的親友團，我們就很難安心地對其他人敞開心扉、釋放出那個最透明、最脆弱的自己。

凡妮莎告訴我，信任是一種無法一概而論的東西。「我們的信任是建立在各自對事物的期待和需求之上，而每一個人對事物的期待與我們的過往經歷有關。」

「神經科學和心理學都有針對期待這一塊做研究，了解我們產生期待的模式。有的人在不好的經驗中受到傷害後，就會對事物衍生出一連串的負面期待。有些人甚至會因此以偏概全，出現『全天下男人都是渣男』這類的想法。」

我們會信賴什麼樣的人？

凡妮莎列出了幾個面向，這些面向都會影響我們對每個人的信賴程度，像是對方的心態想法有多開放和透明，還有他的言行舉止有多周到、謙卑和可靠等。不過，從她過往的觀察來看，她發現大家似乎都只追求一項特質。

「大家或許會說，『只要你誠實待人，別人就會信賴你。』但這可不一定。有很多誠實待人的人都無法贏得別人的信賴，因為這背後還牽扯到許多其他的因素；像是對方過去可能跟類似的人有過什麼不好的經驗，所以就對你產生了負面的期待。」

大家或許會說，「只要你誠實待人，別人就會信賴你。」但這可不一定。

「信賴感就跟審美觀一樣，是一種見仁見智的感受。我選擇信賴你，跟你是個怎麼樣的人不見得有關係，但它一定跟我自己的經驗脫不了關係。」

《大誌》幫助街友重建信任關係的方法

過往經驗會如何影響一個人相信其他人的意願，史蒂芬・羅伯森（Stephen Robertson）非常清楚。史蒂芬是大誌基金會（The Big Issue Foundation）的執行長，該基金會是《大誌》（*The Big Issue*）雜誌的慈善部門。這份雜誌是由英國的街友販售，目的是幫助他們重拾自食其力的能力，開始靠自己的力量做點小生意。

該基金會想要先解決讓這些街友流落街頭的原因，或是他們在街頭生活會碰到的問題。不過，要幫助這些遭逢變故、流離失所的人並不容易，因為那些讓他們流落街頭的往事，或許會讓他們很難輕易相信想要幫助他們的人。

史蒂芬解釋，「販售《大誌》雜誌的街友都有『逃跑』的經驗，而且在他們的人生中，這件事可能還上演過不止一次。因為你可以從人際的關係中逃跑，也可以從工作的職責中逃跑；這個逃跑也不一定是真的轉身逃跑，也可能是用酒精之類的東西麻痺自己。但不管他們的逃跑是哪一種，他們都在年輕的時候學到了這種放逐自我的行為，並讓這種行為一再發生。」

「只要你曾有過不好的求助經驗，像是沒人要幫你，或幫了你卻越幫越忙，又或是原本說要幫你但又臨時抽手，那麼日後開口求援這件事就會變得相當困難。」

「販售《大誌》雜誌的過程可以幫助，或者說『需要』你慢慢敞開自己的心門，因為你一定要接觸人群。」

《大誌》雜誌的運作模式是，先提供完成雜誌銷售員訓練的街友一批雜誌，等他們賣掉這批雜誌後，就可以用賺得的錢跟他們批其他雜誌。他們會用這樣的方式幫助街友，是因為這不但可以幫助他們脫離靠施捨維生的日子，還可以幫助他們擁有自立自強的能力。另外，為了賣出更多的雜誌，他們會與顧客互動，而這部分也能幫助他們建立自尊心。靠著這套模式，史蒂芬他們希望能幫助這些街友改變自己，重新與其他人建立信任關係。

史蒂芬繼續說，「這個過程會推著你去做一些平凡小事，讓你一步步往前走。這當中，顧客是幫助你改變自己的首要人物。如果你能把這門生意做好，就會從中得到自信、變得更加健談，因為你會非常自豪自己今天賣掉了五十本雜誌。」

「我們可以從各銷售員的業績來關心他們的身心狀況；假如他們的業績突然銳減，肯定是哪裡出了問題。我們可以主動去了解他們發生了什麼事，如果我們能理解他們的問題，也懂得溝通的技巧，就會發現這時候他們比較容易對你打開心門。」

合作經紀人幫助客戶建立信任關係的方法

身為一名合作經紀人，要為企業與第三部門組織（譯註：即非政府單位、又非一般民營企業的事業組織，一般來說，第三部門組織大多是由政府編列預算或私人企業出資，獨立維持經營的事業體，例如社團法人、財團法人、基金會等社會公益導向的組織）牽線，促成兩者合作，需要非常了解建立和摧毀信任的因素，因為這攸關合作案是否成局。凱瑟琳・洛斯（Catherine Russ）的工作就是繞著這些事情打轉，她向我說明對她的工作來說，建立信任這件事有多麼重要。

「在合作案中，對彼此坦誠、透明可能是最重要的事，因為你不能有所隱瞞。在這個社群媒體和科技發達的世代，你做的每一件事都會留下痕跡，都會被人談論，都會傳到對方的耳朵裡去。如果你想要取得對方的信任，就必須確保你所做的一切，都能引起你合作夥伴的共鳴和認同。我們多半都會在合作夥伴面前表現出最棒的一面，但你的合作夥伴或許會從社群媒體上，看到你或你所屬的組織全然不同的另一面。」

「大家常說『建立信任需要花很久的時間，但瓦解它卻只要一瞬間。』對此我有不同的見解：我認為，你可以透過『言行一致』的可靠形象，迅速獲得他人的信任。用謙卑的態度聊聊你自己，我覺得，這就是建立信任關係的最快捷徑。你向對方說的或做的那些事，不是為了替自己貼金，而是為了讓對方看見真實的你；坦白說，『真實』就是這個世界所欠缺的。」

凱瑟琳經手的合作案中，有很多案主就是因為不願對合作夥伴完全敞開心扉，而破壞了彼此的信任關係。不過，一旦他們在此做出轉變，雙方就能夠打開天窗說亮話，重拾自在的合作關係。

失敗經驗分享大會

凱瑟琳告訴我，她之前偶然發現有些人道主義組織，會在內部舉辦「失敗經驗分享大會」（Fail Fest）。這場會議鼓勵每一位與會者討論他們負責的案子，並把討論的重點放在他們解決不了的難題上。他們提供了一個沒有責備、只有學習的環境；大家會一起探討某些方法行不通的原因，並從中汲取經驗。

在「人吃人」的商場上，並不容易看到這樣的場景，可是如果我們在商場上也能這樣做，不是很好嗎？如果我們能深究自己的錯誤，是不是就能讓自己真正地做出一些改變？如果我們能敞開心扉與其他人討論那些不順遂的事情，是不是就能讓大家更願意學習？對於本來就很擅長做這件事的人來說，他們看重的不單單是談論「失敗」的這個舉動，能從中汲取經驗才是他們最在乎的事情。

要達到這種境界的前提是，我們需要營造一個令人信任的環境。例如在「失敗經驗分享大會」這類場合，大家就能安心分享他們在工作上的不順遂，因為他們知道這樣做不會受到批判，或是不會對他們的工作帶來負面影響。

我們需要營造一個令人信任的環境。例如在「失敗經驗分享大會」這類場合，大家就能安心分享他們在工作上的不順遂，因為他們知道這樣做不會受到批判，或是不會對他們的工作帶來負面影響。

我們要怎麼讓自己更容易信賴別人？

如果你願意讓別人幫助和支持你，你大概已經明白了信任他人的重要性，但你或許還是會覺得信任別人不是一件容易的事。萬一你有這樣的困擾，凡妮莎認為有兩件事能幫助你改變這樣的心態。

「第一件事是意識到自己有這樣的心態。我發現有很多人都非常不信任別人，但他們不一定知道自己有這樣的情況。我很難理解他們為什麼會這樣，因為信任在我們的生活中無所不在，在不信賴任何人的情況下，我們不可能好好過日子。」

「假如我們在做新的工作或建立新的關係時，預期事情會不太順利，或自己可能會被找碴，又或者其他人會用某種方式背叛自己；不知不覺間，我們就會做出與這些預期相符的舉動。我們每個人的行為都會與自己的期望趨於一致，不論這個期望是好是壞，因為這些想法多半會對我們產生一種心理暗示。」

「然後我們就會把自己封閉起來，想藉此保護自己。我們會不與人交流，且常會被視為難搞者或獨行俠。第二件事是多了解自己。我們發現『我無法信任別人』的時候，往往都會覺得是其他人的問題，但其實我們更應該好好了解自己，還有你對外所展現出的形象。」

十五年過去了，現在凡妮莎和她兒子的關係非常好。許多聽過她這段故事的朋友，都問她兒子，後來她媽媽是怎麼做到答應他的每一件事。他開玩笑地說，她說話會非常小心，盡可能不要答應他太多事情！

就這樣，當年那個九歲小男孩的一小段有感而發，徹底顛覆了凡妮莎對說話這件事的看法：她意識到我們說的話會對別人造成多大的影響。同時，她也為此開始去了解「信任」這件事，改變了大家對它的理解，並更清楚它在人際互動中發揮的重要影響力。

6

自我關懷和心存感恩，是如何影響我們開口求援的能力？

在第二章，從傑羅米的故事我們可以看到，要揭露自己的脆弱和允許其他人幫助我們前，我們會碰到一個很大的絆腳石：傑羅米把他個人的需求和期望放到了一旁，接受了他應該為這場意外感到羞愧的說法。

學習善待自己、給自己喘口氣，還有對別人表示感謝，可以讓你更容易接受其他人的支持；而這樣懂得開口尋求支持的舉動，很可能會對你的職場生活產生正面的影響。

學習善待自己、給自己喘口氣，還有對別人表示感謝，可以讓你更容易接受其他人的支持。

就在我寫這本書的同時，芝加哥的一群研究人員在一項前導研究（pilot study）裡，發現了這樣的現象。該研究招募了來自七個國家，共四十六名的受試者，安排他們上了為期12週的培訓計畫。課程除了會傳授他們十套建立人際網絡的方法，還會提供受試者各種活動，幫助他們增進自我關懷（self-compassion）和心存感恩（gratitude）這兩項能力。

主導這項研究的約翰・詹姆森（John Jameson）告訴我，「這項前導研究讓我們發現，自我關懷的能力與開口求援的意願有相關性。這本書的假設是，開口求援能幫助我們克服逆境。若你的人際網絡能提供合宜的支持，此舉確實能幫你成功度過難關。至於我們的研究是想確定，心存感恩和自我關懷這兩項能力與開口求援有沒有關聯，而這項研究的結果讓我們看見了那份相關性。」

「另外，我們還發現，比較願意開口尋求幫助的人，在職場中的職位比較高。他們的職位都是主管級，而非基層。」

職位變高了，自我關懷的能力也變高了

這項研究發現，相較基層和中階職位的受試者，位處主任／副總／執行長等高階職位

的受試者比較能自我關懷。研究人員推測，這或許是職位較高的職員比較不會苛求自己，能接受自己的不完美。

約翰說，這個發現並不令人意外，而且可能跟資歷，一般來說是年資，有很大的關聯。「隨著歷練漸增，很多人都會學著接受自己的不完美，並對自己稍微溫柔一些。同時，我們也發現比較能自我關懷的人，也比較會心存感恩。由此來看，如果此刻我能對自己具備的知識、技能、經驗和人際關係都心存感恩，未來我也會比較能自我關懷。」

約翰認為，開口求援的意願或許也會受世代差異影響。「我們已經看到這個趨勢好幾年了。我們可以說社群媒體是個大問題，在上頭，每個人呈現的生活都經過美化。對年輕世代來說，他們需要做的是『放棄比較』。」

「有個二十歲出頭的受試者，最後轉換了工作的跑道。他原本在一家金融公司上班，會離職是因為他沒有得到適當的培訓，不曉得該如何做好這份工作。但在離職之前，他完全沒有開口向旁人求援，因為他不想讓別人覺得他沒能力做好這份工作。」

「對許多人來說，『拋開完美主義』是一項挑戰，而自我關懷，包括接受你自己的錯誤，是做到這一點的一大關鍵。將控制權交到別人手中，或讓別人幫助你從來都不是一件容易的事，對完美主義者來說更是如此。」

對許多人來說，「拋開完美主義」是一項挑戰，而自我關懷，包括接受你自己的錯誤，是做到這一點的一大關鍵。

其中一位受試者跟研究人員說，「明白和接受我無法每次都憑一己之力完成所有事，讓我比較容易開口尋求協助，甚至是把手上的案子轉給其他人做。放棄控制權真的很難！我一直習慣衝第一個，所以不再搶第一個，允許別人幫助我，或把光環讓給另一個人，影響了我人生的方方面面。」

此外，我們也發現年資也會讓職員對自己的職位和權利比較有信心，進而更願意尋求外界的支援。

約翰繼續說，「很多人不想開口求援，是因為他們被自己預設的立場束縛了；他們認為其他人不想幫助他們、他們會造成別人的麻煩，或是被拒絕。職位高的人比較不會有這類擔憂。另一方面，習慣對其他人伸出援手的人，會很了解助人的那份快樂，所以他們或許會預期，其他人在幫助他們後也會得到相同的愉悅感。」

「也有許多人不開口求援，是因為不想被當作弱者或沒有能力的人。他們會抱持著這種心態『如果我不開口求救，就不會被拒絕。』這是很常見的自我防衛機制。不論是基於什麼原因，被別人當面回絕，多多少少都會有些負面情緒，而這些情緒都可能打擊到自尊心。有多少人會因為一次的邀約被拒，就永遠不再對其他人提出邀約？這一點與每個人的復原力有關。」

「至於那些樂於助人的人為什麼會比較能夠開口求援，我們認為，這是因為當我們覺得某些事讓我們很開心時，我們的大腦會釋放多巴胺。所以，如果我覺得幫助別人的感覺很棒，我就比較願意開口尋求幫助，讓別人也有機會體驗這份快樂。」

脆弱是自我成長的利器

其中一位受試者在該研究的訪談中說了這麼一段話，「年輕的時候，我覺得開口尋求幫助是個弱點，但隨著年紀的增長，我才明白這不但不是個弱點，還是獲得力量的必要之舉。」這項研究顯示，許多受試者都已經能自在地開口尋求幫助，且意識到他們並非無所不知，而他們無法解決的那些問題，往往都能從他們身邊的人身上找到答案。

約翰很強烈地看到了這一點。「這項研究帶來的其他影響，也證明了學習和開口尋求幫助之間有著緊密的關係。從非常基本的層面來看，學習是我們開口尋求幫助的主要原因。也就是說，我們開口不見得都是為了解決問題，更多時候，我們開口都是因為想要學習。」

從非常基本的層面來看，學習是我們開口尋求幫助的主要原因。也就是說，我們開口不見得都是為了解決問題，更多時候，我們開口都是因為想要學習。

「有個受試者還把開口求援和領導力這兩件事兜在一起。傳統觀念認為，一個好的領導者應該聰明睿智、無所不知。不過，隨著時代的進步，能廣納各方意見、開口求援和讓每個人發揮所長的領導者，才比較有機會成為一個好的領導者。」

其他受試者則表示，隨著年紀的漸長，他們是如何用學習和提升自己的渴望，克服了開口求援可能會讓自己看起來很遜的恐懼。他們說，「不恥下問又不會少一塊肉。對我來說，每學會一個我不足的東西，就會讓我變得更強大，而且我也能因此提供其他人更好的服務。」

「一直以來，我最在意的部分就是降低風險。現在，這樣不恥下問的舉動就像是對風險先發制人，既能降低風險，也給了我精進自己的機會。雖然有時候我還是會覺得有點拉不下臉，但我想我已經不再像青春期那樣意氣用事。」

信任的重要性

許多人認為，信任是眾人願意敞開心扉和開口求援的基礎，不過該研究的受試者對信任這件事可各有見解。

「我會說，他們開口的那個對象不見得要是他們信任的人，但那個對象要是他們覺得夠優秀和夠可靠的人。」約翰說。

他也向我說明，大家在建立友好關係時，信任會以怎樣的方式萌芽。「有些人會藉由開口尋求幫助，主動與員工建立信任關係；即使只是請對方做一件很小的事，也可以讓彼此之間產生很好的信任關係。」

就我個人的經驗來說，這種方法是雙向的。我認為大家會比較信任向他們開口尋求幫助和意見的人，並和他們建立起比較深厚的關係，因為我們都喜歡別人詢問自己的意見和經驗，還有重視自己的能力。因此，如約翰所說的那樣，不論是於公於私，請對方幫忙做件小事，多半可以使彼此的信任關係更加穩固。

心存感恩

該項前導研究探討的另一個重點，是心存感恩的重要性。該研究呈現的證據支持研究人員的主張：懂得心存感恩的人，發展人際關係的能力比較好。這項研究也讓我們看見了心存感恩與開口求援之間的關聯，還有對受試者職場生活產生的正面影響。

一位受試者表示，「對過去所有的經歷、知識和人際關係心存感恩，能提升你的自信、自我認同感和你對其他人的價值。」

該研究的結果證實，尋求和接受支持的能力與懂得感恩確實有所關聯。對其他人展現出你的感謝和重視，或許能給他們一股自信，並讓他們有種被珍惜的感覺；反過頭來看，在未來，這可能也會讓他們比較願意對你伸出援手。換句話說，你開口請他們幫忙的同時，也幫助了他們。

對其他人展現出你的感謝和重視，或許能給他們一股自信，並讓他們感受到自己的價值；反過頭來看，在未來，這可能也會讓他們比較願意對你伸出援手。

一位受試者說，「謙卑對你有幫助。一旦你懂得感恩，你就比較容易和其他人建立關係，也比較容易對他們伸出援手。」另一位受試者則指出，「感恩使我謙卑，而謙卑又讓我更願意示弱。」

自我關懷和心存感恩是我相當提倡的觀念，在這本書分享的故事中，你會一再看到這兩個觀念出現。很顯然，珍惜你自己，對身邊愛你、給予你支持的人表達感謝，可以為你打開許多道門，讓你發展出可靠的人際網絡。這本書訪談的許多人，也正是靠著這樣的支持翻轉了他們的人生。

約翰和他的團隊做的這項初步研究鞏固了這些特質的重要性。如果你對這篇前導研究有興趣，可以到 www.andylopata.com/justaskstudy 了解詳情。

第2部

擬定策略

7

你的目的是什麼？

這幾年來，一直有人跟我說，這是一本很對大眾口味的書。過去十年間，示弱和接受別人援助的重要性，已經越來越受到大家的關注。但光是有這樣的風氣是不夠的，它所提倡的「示弱」觀念還是太過籠統了。我們在「示弱」的時候，還需要考量到許多面向；除了要懂得選時間和選地點，還要懂得選人和用對的方式表達，最重要的是，你必須知道自己為什麼要這樣做。

我寫這本書的目的，不是要大家見人就把自己生活中的大小事都告訴別人；也不是要別人一問你「你好嗎？」或「最近如何？」時，就一股腦地把自己所有的煩憂都說出來；更不是要你在社群媒體上，不停發一些討拍文或厭世文。

我們需要用更加縝密的方式敞開心扉，向其他人尋求幫助。如果不這樣做，我們反而會搞壞自己的人際關係和聲譽，甚至會被大家視為「放羊的孩子」，讓大家越來越不願意對我們伸出援手。

這些問題稍後我都會討論到，但此刻，我想先聊聊「你為什麼要這樣做」。

目標的力量

很多原因都是我們可能需要其他人支持的理由。不管是於公或於私，對企業或對個人，懂得坦白和示弱都會是一股很強大的力量。同時，我們需要向人請益的挑戰，也有大有小；它有可能只是個簡單的疑惑，也可能是個翻轉人生的決定。

然而，有件事我倒是很肯定，那就是有個明確的目標，會讓開口尋求幫助這個舉動容易許多。如果你明白自己為什麼需要幫助，還有你可以因其他人的協助得到什麼好處，你就會更願意開口。尤其當你知道這個目標也會牽連到其他人的利益時，開口尋求其他人的幫助就會成為一件再自然不過的事情。

如果你明白自己為什麼需要幫助，還有你可以因其他人的協助得到什麼好處，你就會更願意開口。

過去幾年，安迪・阿加桑格盧（Andy Agathangelou）傾注了他全部的時間和精力，試圖在金融產業推動一場大變革，因為從過往的金融危機和相關醜聞可以看出，金融業界的現況和信任關係有很大的改善空間。

這不是一個小挑戰，尤其在這個牽扯到龐大利益糾葛的產業中，他的付出不見得每個人都領情。儘管如此，他發起的「金融透明化」（Transparency Task Force）活動還是在全球產生了一定的影響力，許多金融界的主流人物都熱情響應。

想要在這個極度強大的產業中推動如此重大的改革，意味著安迪一定要先改變自己的行事作風。他不喜歡開口請別人幫忙，習慣獨自一人朝著目標埋頭苦幹，但這樣的作風讓他的經濟陷入困境。

一開始，出於要把這件事情做好的使命感，他把原本的正職工作擱在一邊，全心全意地推動「金融透明化」這項運動，任何事情都親力親為、不假他人之手。當安迪資金短缺，打算賣掉自己的汽車時，他才意識到，他還有其他的選擇。他可以重回之前的工作崗位，讓他的夢想就此破滅，或者是，他可以學著開口尋求支援。

「老實說，要不是有三個人大方地幫助我，我根本做不到。」安迪說。「他們一步一步教會我如何開口求援，也讓我對開口求援這件事有了全新的想法。他們知道我有大男人主義的包袱，無法因為個人的問題拜託其他人幫忙，所以他們要我不要把開口求援這件事的焦點放在自己身上，而是要放在我的理想上。」

他們知道我有大男人主義的包袱，無法因為個人的問題拜託其他人幫忙，所以他們要我不要把開口求援這件事的焦點放在自己身上，而是要放在我的理想上。

「這樣子想我就做得到。我不覺得為了我的理想拜託其他人有什麼好羞恥的，因為我百分之百認同我們現在推動的事情，還有我們做這件事的理由。雖然都是拜託人，但你開口是為了自己，還是為了你追求的理想，是兩種不太一樣的心態。也多虧這微妙的差異，我才突破了內心的障礙，學會了開口，得到了幫助。」

看清你開口的原因

安迪的例子並不罕見。許多和我談過的人都承認，他們很難為了自己開口，但他們發現，如果是為了其他的原因，他們就很容易開口，例如為了其他人，或是為了理想。

倘若你也是這樣，在開口前請你把注意力放在你想要達成的事情上，並想想這件事若順利完成，會對其他人帶來怎樣的影響。就算你覺得你的請求很自私，但事成之後，其他人很可能也會因此受惠，例如你的朋友、家人或同事等。

花一點時間看清你現在的狀況。你是在什麼地方卡關了嗎？還是單純覺得此刻有志難伸？你在職場上有需要協助的地方嗎？你在生活中有需要幫忙的地方嗎？有什麼事業、慈善活動或社會運動讓你熱血沸騰，想要貢獻一己之力嗎？要讓這些事產生實質的影響力，你又需要哪些幫助呢？

在每一種情況中，它們的成功或失敗會對你個人造成什麼影響？你身邊的人又會因為你的作為受到怎樣的影響？這些人也是身處那些情況中的其中一員嗎？還是他們只是會間接受到那個情況影響的人？想想如果你能夠盡自己最大的力量，把那個情況處理到最好，其他人會因此得到什麼好處？不論這個情況是充分發揮你的能力、得到你理想的工作、為慈善活動募得鉅額的資金，或經營一段成功的婚姻關係。

如果你能夠看清你的成功會對其他人造成怎樣的影響，那麼就跟安迪一樣，你開口就不再只是為了自己。只要你清楚你的目的，也知道達成它會對你身邊的人帶來怎樣的意義，突然之間，你就會覺得開口尋求幫助沒有那麼困難。

只要你清楚你的目的，也知道達成它會對你身邊的人帶來怎樣的意義，突然之間，你就會覺得開口尋求幫助沒有那麼困難。

獲得你需要的支持，可以讓你盡最大的努力，為其他人的生活帶來正面的影響。為這樣的理由示弱似乎很值得。

8 讓其他人與你並肩作戰

幫忙你喜愛的人時，你會有什麼感覺？尤其是你知道你的支持帶給他正面影響的時候？

大部分的人有機會幫助其他人時，都會覺得很滿足。尤其是那些舉手之勞。我認為想要支持別人，並從中獲取愉悅感是我們的天性。這樣的舉動甚至能壯大我們的自尊心，讓我們覺得自己是個有用且重要的人。

我一直覺得，我們阻止自己不要向別人尋求幫助或支持的行為很弔詭。一方面是因為我知道，我們都不想成為別人的負擔，但我也知道，我們在幫助別人時可以得到多大的快樂。因此，我可以很肯定地告訴你，如果我們不讓自己開口求援，就是剝奪了其他人享受那份快樂的機會！

> 我一直覺得，我們阻止自己不要向別人尋求幫助或支持的行為很弔詭。一方面是因為我知道，我們都不想成為別人的負擔，但我也知道，我們在幫助別人時可以得到多大的快樂。

輪椅橄欖球球員安迪

我為這本書做的訪談中，有兩位受訪者是身障人士，他們都是因為發生了重大的變故，不得不學著在日常中仰賴其他人的支持。

安迪・巴羅（Andy Barrow）第一次參加成人橄欖球競賽的時候，在最後一場比賽的爭球過程中，聽到一聲響亮的碎裂聲。「我感覺到我的頸部傳來一股劇痛，」安迪回憶，「我的耳朵聽到了一陣撕心裂肺的尖叫聲，而發出那陣尖叫聲的人就是我。」

他被直升機載往當地醫院急救，院方告訴他，他的脖子斷了，且脊髓受損嚴重。

「脖子斷了還不是我人生中最糟的一刻，五天後我從護士口中聽到的壞消息，才真正讓我大受打擊。當時那位叫韋恩的護士走進病房，拉開我病床周圍的簾幕，對我說，『我必須告訴你一些事。我知道有人跟你說，你有機會徹底康復，能站著走出這裡。可是照目前的情況來看，你不但沒機會完全康復，甚至連站起來的機會都沒有，你以後不能再走路了。』」

之後安迪在醫院待了五個月，歷經了漫長的復健之路。他胸部以下全部癱瘓，與健全人相比，他的身體機能大概只剩下20%。

你或許會覺得，對安迪這樣熱愛運動的年輕人來說，受了這麼大的傷，可能會令他更加一蹶不振，但是，他對運動的熱情拯救了他。

「要有強健的身體我才能夠盡可能地獨立生活。『獨立』這個詞是我振作起來的最大動力。我一定能活下去，但不一定能自理生活。」

復健師會視病人的背景，介紹他們去參加各種不同的身障者運動。毫不令人意外地，安迪立刻就愛上了輪椅橄欖球這項運動。

「輪椅橄欖球是由一群跟我一樣的身障人士發起的，因為他們的生理條件無法打輪椅籃球。因此，他們以輪椅籃球為雛形，把它調整成比較符合他們生理條件的競賽方式。我知道發明這項運動的人，坐在輪椅上看輪椅籃球時，心裡很可能會想『這怎麼夠看；我們會相互衝撞、搏命爭球，讓它如謀殺球般激烈、精彩。』」

安迪的好勝心很快就被激起，他投入大量時間參與輪椅橄欖球這項活動，而隨著這項運動的知名度越來越高（也越來越受到重視），安迪也不再只把它當作是一種幫助復健的活動。後來安迪帶著他的國家隊，代表英國打了三屆帕運會、三場世界錦標賽和五場歐洲錦標賽——贏得了三面金牌。安迪在顛峰之時，還曾在輪椅橄欖球球員的世界排名中，名列前五強。

身障登山家大衛

跟安迪一樣，大衛・林也是在一夕之間，突然從一個健全、優秀的運動員，變成一個身障人士。

大衛是首位成功帶著新加坡探險隊登上聖母峰峰頂的登山家，這項創舉也使他在業界聲名大噪。不過大衛說，新加坡是個比較看重經濟成就的國家，所以當時他的這項運動成就在新加坡引發的話題，就有點像牙買加人看奧運雪橇比賽那樣，不是那麼熱絡。

然而，就在那次攻頂的巨大成就之後，大衛馬上就迎來了人生的重大低潮。與新加坡探險隊凱旋歸國的一週後，大衛毫無預警地得到了罕見的急性神經發炎疾病格林—巴利症候群（Guillain-Barre syndrome）。他的眼部以下全部癱瘓，有四十三天的時間都必須靠呼吸器維生。

等到大衛終於從這個神經疾病中康復，他也喪失了一切的日常行為能力，所以他必須重新學習如何寫字，還有如何自己吃飯等事。經過二十年的努力，大衛的小腿、左手和左臉仍無法恢復正常的活動能力。即便如此，大衛告訴我，出院之後，他對登山的熱情很快就讓他找到了一套繼續這項活動的方法。

「二〇〇〇年一月，我去爬了南美洲的第一高峰阿空加瓜山（Aconcagua），那時我出院一年左右。跟我平常爬喜馬拉雅山那種探險式登山相比，這次的登山是一種全新的體驗，一路上不會有專業的嚮導，不會有雪巴人（Sherpa），也不會用到任何固定繩索——或是任何你在攀登大山時會用到的裝備。」

大衛從神經疾病中痊癒後，很快就明白他的行動能力受到了影響，必須想辦法適應用這樣的體能狀態登山。「威爾弗瑞德是我唯一的登山夥伴，我們的目的地是阿空加瓜山的基地營。那次的登山路線，我們規劃三天達陣，行程中會走過許多與溪流交會的路線，而且我們必須抓準時間，在溪水尚在踝間高度時涉溪而過。」

「想想那種赤腳涉溪的感覺，有時候水的高度還會來到膝蓋的位置。最糟糕的是，在過某些溪流的時候，我們還一定要連走帶跳地踏著溪裡突起的岩塊才有辦法抵達對岸。對我這樣平衡感和行動能力嚴重受損的人來說，這真的是一項很大的挑戰，每次涉溪我差不多都要花上四十五分鐘的時間。」

「頭兩天我們合作無間，一切進行得很順利。一直到最後一天，我們要抵達基地營的涉溪路線，才讓我們遇到大麻煩。一開始我心想，『沒問題，我可以做到的，我只是需要多花一點時間抓平衡感。』但現實是殘酷的，我們的時程因此大幅耽擱，想如期抵達基地營，我們勢必得找出一套更省時的渡溪方法。」

「再者，在行進的過程中，我們發現一件事實，在抵達基地營前，我們要渡過的溪流似乎不是只有三條，而是至少有十條。午餐過後，我好好思考了這個問題。還有六個小時太陽就會下山，但我們離基地營還有一大段距離。威爾弗瑞德告訴我，『如果我們不改變涉溪的方式，就必須摸黑走到那裡。』」

「這整段登山的過程中，我都沒有請他幫我做些什麼。威爾弗瑞德不但是個身強體健的人，還是個具備完整登山技能的登山者，但他的高山攀登經驗並沒有我豐富。在此之前，我一直不願接受我的身體狀況已經今非昔比的事實。」

最後，大衛接受了他需要幫忙的這項事實。他們改變了涉溪的方式，威爾弗瑞德會先幫他把背包拿到對岸，再回過頭幫助大衛走完他涉到一半的溪。在這樣的合作下，他們每次的涉溪時間大幅縮短至五分鐘。

「這讓我明白，不論碰到什麼問題，只要我在需要幫助的時候開口求援，就能讓整個團隊用更好的方式運作。這對我來說是一個很大的頓悟，有時候你過去的成功反而會成為未來前進的絆腳石，因為它可能會讓你在後來碰到狀況時，不願意開口尋求幫助。」

> 有時候你過去的成功反而會成為未來前進的絆腳石，因為它可能會讓你在後來碰到狀況時，不願意開口尋求幫助。

「為什麼會這樣，我想應該是自尊心的關係，還有覺得自己跟以前一樣。威爾弗瑞德也對我說過，『你跟以前不一樣了。』」

灰色地帶

安迪和大衛都發現，在是否要仰賴他人幫助這方面，一開始他們都沒有選擇的餘地。他們碰到的變故，都讓他們陷入必須徹底仰賴他人支持的處境。之後隨著他們的狀況漸漸好轉，也是經過了一番調適，才逐漸容易接受別人的幫助和支持。

「對我來說一開始沒有選擇也有個好處，因為一切都很簡單明瞭。」安迪告訴我。「脊髓剛受損的時候，你有很多非常私密的事情都必須靠其他人幫忙，但隨著傷勢逐步恢復，就會開始出現許多灰色地帶。例如有些跟我一樣重度失能的身障者，可能恢復到某一個程度，還是會仰賴其他人幫他們更衣、洗澡和上廁所，但我不想這樣。我設法自理生活，而且我很清楚哪些事我可以獨力完成。即便是現在，我也一直秉持著這個精神，盡可能靠自己打理生活中的大小事。」

安迪和大衛都展現出非常獨立的精神，但大衛跟安迪相反，他反倒覺得要接受自己做不到某件事，只能仰賴別人幫忙的情況比較困難。他說，「我不喜歡面對那種一看就知道自己毫無選擇的狀況。身處灰色地帶的艱困處境時，你至少知道自己還是有機會做到某件事，只是你會做得非常慢、非常笨拙。不過，這也會讓你為了面子，不願意開口尋求幫助。」

「我以前常會因為做不好事情發脾氣，但那股憤怒或怒火不是針對那些想要幫助我的人，主要都是針對自己的無能為力。」

「後來我才終於意識到，如果你在需要幫助的時候沒有開口，你就得不到你想要的協助。」

接受別人的幫助

現在大衛已經學會如何與他的失能共處，也學會接受必要的幫助，但他依舊會挑戰自己的極限。大衛對登山的熱情依舊，只不過他也學會視登山的實際情況，適度調整他登山的方式。

「你接受越多幫助，你達成目標時得到的成就感就越少。」

安迪也同樣學會接受別人的幫助，雖然他在這個部分花了比別人更多的心力。即便此刻安迪在這方面或許還有進步的空間，但他認為跟他剛受傷時相比，他已經成長了很多，也明白了接受別人幫助的重要性和力量。

「開口尋求幫助和提供幫助，是我們每一個人都做得到、也最有力量的事情。所以不論是在生活中或職場上，我們都應該更常這麼做。」

「有一次我去參加格拉斯頓柏里戶外音樂祭（Glastonbury Festival），就充分體會到大家都這麼做的美好滋味，因為當下的情況我一定需要別人幫忙。我們這麼說好了，如果在一般的日常生活中，我只需要5%的協助，那麼在那場戶外音樂祭中，我就需要至少50%的協助，因為整場活動的場地非常遼闊，設有多個表演區。那次我真的感受到滿滿的人情味。」

「我記得頭一年和我太太去參加這場音樂祭時，我光是要從會場的入口，移動到我想要看的表演區就費盡了力氣，為此我還和她在現場大吵了一架。吵了那一架之後，我意識到一件事，那就是我一直假定只有我太太願意幫我。想通這一點後，我立刻開始向每一個人尋求幫助，或者說，接受每一個人給我們的幫助。每當有人問，『有什麼我們幫得上忙的地方嗎？』我都會說，『有，順路的話，請推我一段路，就算你們不能把我推到我想去的地方也沒關係，之後的路我們可以自己來。』就這樣，一路上我們遇到了很多很棒的人。」

你就是要開口，才有辦法對開口尋求幫助這件事越來越上手。

你就是要開口，才有辦法對開口尋求幫助這件事越來越上手。

學習接受日常中的每份幫助

安迪和大衛的例子或許有些極端。如果你沒有喪失行動能力，你不會像他們需要那麼多的幫助。縱使如此，就算是他們這樣任誰都看得出需要旁人協助的人，他們也都抗拒過接受幫助這件事。

這個情況許多人都不陌生，我們一直想要證明自己能獨力把事情做好。會有這種想法的癥結，就在於我們不習慣示弱，而且這種想法無所不在。然而我們要知道，我們需要的支持往往就在身邊，如果願意接受這些支持，我們的人生也會變得更輕鬆和更健康。只不過我們總是會因為某些事情而不願意這麼做。

願意讓其他人知道我們面臨的挑戰，允許他們幫忙，並不會減損我們的獨立性或能力。開口向其他人尋求幫助，與要別人替你把事情做好不一樣。這個舉動既非把事情丟給別人，也並非半途而廢，而是一種合作。

開口向其他人尋求幫助，與要別人替你把事情做好不一樣。這個舉動既非把事情丟給別人，也並非半途而廢，而是一種合作。

我們可以從這個過程中學到東西，讓自己變得更強大，進而幫助自己得到更好的成果。但前提是，我們需要先把自己的心門打開。

9

開口求援前，請先回答這六道問題

我養了六個誠實的僕人
（我知道的一切都是他們教我的）：
他們的名字叫做何事（What）、何故（Why）、何時（When）、
如何（How）、何地（Where）和何人（Who）

——魯德亞德・吉卜林（Rudyard Kipling），
《大象的孩子》（*The Elephant's Child*）

你在閱讀任何與策略相關的建議時，大概都會看到英國小說家吉卜林的這首著名詩作。我在這裡引述這首詩可不是要提出什麼創新的見解，我只是非常贊同這首詩的理念，覺得有些話之所以會常常被人提起是有原因的，因為它們確實言之有物。

一旦你認同了看起來獨立、剛強和無所不知，無法為你加分的道理，就一定要問問你自己，出自吉卜林詩作的那六道著名問題：

- 你需要談什麼事？
- 你為什麼想要分享？
- 什麼時候是分享的好時機？
- 你應該分享到什麼程度？
- 你要在什麼場合分享？
- 你要跟誰分享？

你需要談什麼事？

對許多人而言，生活中的每一刻都有很多事情等著我們去處理。就我的經驗來看，即便是表面上看起來很「沉著冷靜」的人，他們心中幾乎也都有一些令他們煩心的事情。他們有可能是打算拿下某個里程碑，或在生活或工作上碰到某些挑戰，又或者以上皆是。

有時候我們會對自己需要做出的決定，以及必須解決的問題感到不知所措。可是當其他人問起我們過得怎麼樣的時候，我們又無法把這份感受告訴他們，因為我們不想讓自己的問題成為別人的負擔。

一旦我們能欣然接受「柔弱勝剛強」這個道理，或許我們就能與不同的人分享生活中的不同事物。不過，不管我們是要做到憂喜都與人分享的境界，或只是選擇性地與別人傾吐面臨的部分挑戰，在把這些事說出口前，我們都必須先問問自己這些問題：有哪些挑戰是我們可以憑自己的力量輕鬆擺平的？我們信賴的那些人，又可以用他們的專業、經驗或觀點，在哪方面給予我們最大的幫助？

一旦我們能欣然接受「柔弱勝剛強」這個道理，或許我們就能與不同的人分享生活中的不同事物。

先聚焦在我們想為生活中的哪個領域尋求支持，我們就能進一步回答其他的問題。如果我們知道自己想分享哪些事，那麼我們就可以開始問問自己，對我們來說這麼做為什麼非常重要，還有我們想要藉由這個示弱的舉動達到怎樣的目的。

你為什麼想要分享？

有時我們只是需要發洩一下，有時則是想要尋求一些建議，甚至是解決方案。不論你是哪一方都沒關係，我們只是需要釐清自己在這段對話中，想得到怎樣的成果。

知道「為什麼要分享」這件事對我們很重要，但對我們選擇分享的對象來說，這件事更為重要。我們的支持者需要知道，我們是否願意接納他們的意見，是否希望他們採取一些實際行動來幫助我們，或只是需要一個人聽我們說說話。

只要你知道你需要談什麼事，你就可以問問自己，你到底需要哪種類型的支持，還有這份支持會對你所面對的挑戰帶來怎樣的影響。然後，在尋找分享的對象時，請先想想你為什麼需要這場對話，還有你認為他們能提供怎樣的幫助。

什麼時候是分享的好時機？

伊凡・米湜內（Ivan Misner）被診斷出罹患攝護腺癌時，該如何對抗這個疾病只是他必須面對的其中一項挑戰而已。

伊凡是國際商務網絡（Business Network International，ＢＮＩ）的執行長，也是這個全

球最大商業網絡組織名義上的最高領導人。在這個情況下，就算他願意在親友的支持下，專心對付他健康上的問題，他恐怕也無法如願以償。更何況，他還不打算接受傳統醫療，只打算靠著大幅調整飲食來對抗癌症。

伊凡告訴我，當時為了向他廣闊的人際網絡分享這個消息，他還費了一番心思，除了他的至親好友外，他也必須讓他事業上的相關利益者知道他的狀況。「大家一定會發現我哪裡不對勁，然後問我，『為什麼你吃得那麼奇怪？為什麼你瘦了？』我一定得常常去看醫生追蹤病況，所以我想要把一切都交代清楚，讓每一個人都不會因為我的狀況感到驚慌，也讓他們知道我對這一切早有規劃。」

「我把我人際網絡中的所有人分成了八大類。第一類是我的家人，嚴格來說是我老婆和小孩，但他們第一時間就知道了這個消息。第二類是我親近的親人朋友。第三類是公司裡的重要管理人員，也就是BNI裡的高階管理幹部。」

「第四類是總部裡的職員。我直接召開了一個員工會議，當面跟他們說，『嘿，事情就是這樣，我只是想讓你們知道我的狀況，現在你們還有什麼問題要問我嗎？』這一點非常重要。如果你不讓他們問出心中的疑問，他們就會去問別人，然後就會衍生一堆傳聞。」

「第五類是世界各地的特許經營者。第六類是全球雇員和獨立承包人。第七類是可以請董事會以電子郵件通知這個消息的會員，第八類則是可以從我的部落格公開貼文中看到這個消息的所有大眾。」

伊凡這麼做的靈感是來自自我成長大師布萊恩・崔西（Brian Tracy）。幾年前布萊恩得到了喉癌，在他的部落格上非常公開地分享了那段抗癌歷程。伊凡決定效法布萊恩的精神，公開與大眾分享他抗癌過程中的所有「好、壞與醜陋」，以確保大家隨時都能掌握他的近況。第一年他每三到四個月就會發一篇文章，之後他則是一年發一篇。

「這個舉動安撫了大家的心。雖然不見得人人都適用這套方法，但我很喜歡這樣做，因為大家會知道我有所規劃。我一直跟他們說，『如果食療沒有用，我一定會去做手術，我保證。』」

「你無法控制自己會聽到怎樣的消息，但你可以控制自己要對它做出怎樣的反應。我不斷設法處理這些消息，甚至還寫了一本書分享了這整個故事，以及徹底改變我健康狀態的食譜。[7]」

時機是確保你能藉由分享這個舉動，從周圍的人身上得到最大幫助的關鍵因素。有些事情壓太久了，你或許就會發現，自己錯過了時機，無法從其他人身上得到最大幫助，或無法因他們的建議受惠。同時就如伊凡觀察到的，這也會讓你面臨一個風險：大家可能會在你坦承前，就先察覺到你出了什麼狀況，此時可能就會開始出現一些傳聞。

時機是確保你能藉由分享這個舉動，從周圍的人身上得到最大幫助的關鍵因素。

如果你太早跟別人開口，你或許會覺得大家把你看成是那種無法自己解決問題，會動不動就大驚小怪或亂吐苦水的人。每種情況都有適合分享它們的時機點。伊凡在對各方人馬分享他的每一則消息前，都會評估他應該在哪個時機發布那些消息，以確保他能掌握整場對話的主導權。由此可知，在分享前，請先好好衡量什麼時候是最佳時機，還有針對不同的分享對象，是否需要安排不同的時間點。

你應該分享到什麼程度？

在歷經三回試管嬰兒的療程和一次流產，凱莉和她的伴侶李在聽聞肚裡的雙胞胎寶寶成為死胎時，簡直是青天霹靂。光要度過這個傷痛就已經夠他們受了，但他們還有一個難題要處理：凱莉的腹部仍明顯隆起，從外表看起來，她還是懷有身孕。

但是要逐一告知所有人這個消息，並反覆回答眾人相同的問題實在是太折磨人了。凱莉從做第二次試管嬰兒時就開始寫部落格，記錄她這段歷程的點點滴滴，所以她和李決定要在那裡分享這個哀傷的消息。

「我只是發現要把一切藏在檯面下是一件很難熬的事情。」凱莉說。「試管嬰兒的流程很繁雜，要兼顧療程和工作非常辛苦。如果必須一直瞞著大家進行這些療程，又不能跟大家解釋為什麼我會三不五時突然取消會議，或是事先安排好的工作行程，我會覺得那根本不是我的作風。況且我很討厭那樣，我會覺得自己在欺騙大家。」

「我們寫部落格的目的就是要幫助其他人，喚起大眾對這方面的意識。如果你沒有親身走過做試管嬰兒這條路，你根本無法想像它走起來有多煎熬。這也是我們決定在部落格上分享這個消息的原因之一，因為過去我們把自己在這條路上碰到的一切都分享在上面了。假如你想要記錄一段旅程，你就必須將一路上的高低起伏都記錄進去，這也是我們始終秉持的信念。」

不過有個人對凱莉這樣的分享感到很不安，這個人就是她事業上的夥伴，保羅。有一天傍晚，凱莉要去做試管療程前，打了通電話給我。她告訴我，他們當地的ＢＢＣ廣播電台注意到他們的部落格，且其中一名節目主持人克里斯・曼恩（Chris Mann）還邀請她去上他的節目，希望能跟她聊聊這方面的經驗。但凱莉打給我的時候，心情不是很好，思緒也很混亂。她說他們把訪談的時間定在隔天，可是保羅告訴她，他覺得她不應該去做這場訪談。

我的事業夥伴對我的作為提出了異議，他要我想想這場訪談會帶給我怎樣的後果。他的話讓我非常混亂，我不想取消這場訪談，但現在我又覺得非常不安。

保羅之所以會提出這樣的異議，不是因為擔心事業受到牽連，或是缺乏同理心。事實上，保羅和她的妻子安柏，對凱莉和李的遭遇完全感同身受。安柏第一次懷孕的時候，就在孕期第二十二週的例行產檢中發現胎兒有嚴重的問題，並失去了這個寶寶。

「這件事真的是讓我們的生活風雲變色。」保羅告訴我。「當然，周邊每個人都知道我們家即將要迎來這個新成員。那時我發現自己一個人開車的時候，眼淚會突然無法控制地流個不停。我也很懂小莉現在看到那些嬰兒用品的感受，因為我永遠也忘不了那種感覺。失去寶寶後，你的腦子還是會動不動就繞著寶寶和育嬰之類的事情打轉。」

「安柏完全不想出門。她花了好長一段時間才開始去見朋友，在此之前她只想把自己藏在家裡。至於我自己，我只是一心想要幫助她走過這段路，我想我也是靠著這股信念走過了這段路，因為我覺得我應該要成為她的支柱。」

「當其他人告訴你，他們也有相同的經歷時，突然間你會覺得，『啊，原來我們不是唯一一對走過這段路的夫妻』；事實上，有許多、許多人都有過這樣的經驗，只是都沒有人把它拿到檯面上說。」

> 突然間你會覺得，「啊，原來我們不是唯一一對走過這段路的夫妻」；事實上，有許多、許多人都有過這樣的經驗，只是都沒有人把它拿到檯面上說。

保羅擔心凱莉接受ＢＢＣ廣播電台的訪問後，大家會更加關注事情的後續發展。如果事情發展順利，她和李說不定會招來其他仍在試管之路上奮鬥的夫婦怨妒。他也擔心在她此刻情緒還如此脆弱的情況下，她要怎麼應對分享這個消息可能衍生的其他狀況。

「對我來說，這種事還是不要昭告天下，自己靜靜走過會比較好。」

在和保羅談話的過程中，我一直想要了解為什麼他會這麼擔心，認為凱莉的訪談可能會產生負面的結果。他向我坦承，他是一個非常注重隱私的人，一想到會被其他人（尤其是陌生人）評判和憐憫，就令他渾身不自在。對他來說，逐一向身邊的人交代這件事並不是什麼大問題，但要他公開向一群人說這件事就非常困難。

最後凱莉還是去做了那場訪談。在受訪前，凱莉和我又通了電話。我問她，如果一年前有人上了這個節目，分享了跟她類似的經驗，對她是否會有幫助。凱莉說，「絕對會。」然後她告訴我，「我知道這是一件對的事，雖然要做這件事並不容易。但我一定要這麼做，也很開心我能這麼做。」

他們這兩種南轅北轍的應對方式，讓我大為震撼：一個是把一切昭告天下，另一個則是自己靜靜走過。

在跟凱莉和保羅交談時，我可以很清楚地了解到，他們的應對方式並沒有什麼對錯之分。下一章我們會探討在社群媒體上，「過度分享」（oversharing）和保有個人隱私之間，存在著怎樣的衝突，但在「現實世界」的人際關係中其實也存在著這樣的衝突。每個人都有一套分享事情的方法。

我的建議是找到適合你的方法，並意識到並不是每一個人都能接受你的做法，或是認同你正在做的事。如果你是被迫閱讀這本書，又很討厭這種分享心事的想法，那麼凱莉的方法一定會讓你很反感。

找到適合你的方法，並意識到並不是每一個人都能接受你的方法。

而如果你是個習慣把生活大小事都跟旁人說的人，或許就很難理解，保羅怎麼能自己靜靜走過這一切。不論你是哪種人都沒有關係，因為我們本來就都是獨一無二的個體。最重要的是，你對自己分享的那些事情必須感到自在。只要你有仔細考量所分享的場合和對象，應該都能夠找到一套人人都可接受的分享模式。

你要在什麼場合分享？

社群媒體的崛起給了我們一個新管道，能讓我們用更有效率的方式，向更多人分享更多的資訊。

不過即便社群媒體有它的可取之處，我還是認為面對面的交談更有溫度，比較能讓彼此的交流更為深刻。

可靠的智囊團或良師益友可以提供你一個完美的支援系統，讓你在值得信賴的環境下尋求幫助。事實上，在本書的第三部分，我們就會進一步探討到這個部分。基本上只要你有按照這些原則做，你都可以為自己找到可靠的分享對象，為自己創造出一個能安心開口的環境。

萬一你一直覺得自己找不到向其他人開口求援的「好時機」，我會說，你大概是讓許多機會從眼前溜走。其實我們每一天都有很多可以開口的機會，只是我們老是忽視它們。比方說，打招呼就是一個機會。很多人會用「你好嗎？」來問候對方，有時候就這樣順勢說說自己的實際狀況也無妨。

打招呼就是一個機會。很多人會用「你好嗎？」來問候對方，有時候就這樣順勢說說自己的實際狀況也無妨。

大部分的人都只是出於禮貌向對方提出「你好嗎？」或「工作／事業怎樣？」的問題。這是我們親切開啟對話的方式。長久以來，大家也都千篇一律地用「我很好，謝謝，你呢？」來回應這些問題。可是，你或許可以用比較誠實的方式做出回應。

前面有提到，有一陣子我的事業不是很順利，就在我意識到自己需要更坦誠地面對自己的不順遂時，我巧遇了一個好友。這位好友跟我是同行，在倫敦的私人俱樂部當講師。他問我「你好嗎？」的時候，我把自己的狀況告訴了他。我跟他說我的事業不是很順利，而且已經持續了好幾個月。

「真是辛苦你了，兄弟。」他說，然後他接著問，「有什麼我幫得上忙的地方嗎？」

接下來的三週，我接到了兩件從他手上轉過來的案子。之前他從來沒有把案子轉給我過，因為他從來沒想過我需要幫助。

如果你碰到了你喜歡和信任的人，也覺得自己能自在地對他們說說心裡話，那麼當他們問你「你好嗎？」的時候，就請你把自己的狀態如實告訴他們。你可以先簡單告訴他們你遇到什麼困難，或是正為了什麼事情煩惱，但不需要提到太多細節。拋出這個含蓄的談心邀約後，你就可以視他們的回應，判斷他們是否想要跟你進一步聊聊這個話題。

如果你碰到了你喜歡和信任的人，也覺得自己能自在地對他們說說心裡話，那麼當他們問你「你好嗎？」的時候，就請你把自己的狀態如實告訴他們。拋出這個含蓄的談心邀約後，你就可以視他們的回應，判斷他們是否想要跟你進一步聊聊這個話題。

會問「你好嗎？」的人可分為兩類。一類是真的想要了解你的近況，另一類則是出於客套。如果他們是出於客套，他們會說，「很遺憾聽到這個消息。」然後就會把對話帶到其他比較輕鬆的話題。但假如他們是真的想要了解你的近況，就像我的朋友那樣，那麼他們就會主動問你需要什麼幫助。

當然你不一定要等著別人來問候你的近況，你也可以主動出擊。只要你有做到本章提到的其他步驟，並且知道你想要什麼樣的幫助，直接拿起電話向他們開口，會是更簡單的做法。

你要跟誰分享？

要找到適合分享的對象，你需要考量到幾個重點。

第一點是「信任」。理想情況下，你會信任他，並對他說心裡話的對象，會具備不會批判你、能讓你暢所欲言、能理解你的處境，還能適時給予你適當建議等特點。

第二點是「提供你所需支持的能力」。如果你想要尋求不同的看法或點子，一定要特別考慮到這一點。因此，你或許不會跟朋友或家人分享你在工作上碰到的挑戰，因為他們無法理解你所經歷的複雜情況。

我訪談我們上一章提到的安迪・巴羅時，他告訴我，離開醫院時，加入輪椅橄欖球這個社群的舉動對他意義非凡。安迪對我說，「在面對這麼艱難的逆境時，你一定要有一群過來人當你的後盾。有人懂你是一件超級重要的事情。」

話雖如此，但我認為，只跟同溫層的人尋求支援可能不是那麼理想，因為他們所分享的經驗和觀點可能大同小異，此舉會局限了你看事情的角度。我極度鼓勵你建立「多元的人際網絡」，這樣你才能跳脫同溫層，有機會從截然不同的觀點看事情。

馬修・席德（Matthew Syed）在他二〇一九年的優秀著作《叛逆者團隊》（*Rebel Ideas*）一書中說：「解決複雜的問題通常需要層層剖析，所以也需要許多不同的觀點。」接著他就引述了美國心理學家菲利浦・泰洛克（Philip Tetlock）的這段話：「看事情的觀點越多元，能想到的解決方案就越多樣……有效解決手頭難題的訣竅，就是找到有不同觀點的人。」

由此可知，你在建立一個你信任且懂你的人際網絡時，要盡可能保有多樣性，這樣你才能在需要幫助的時候，向不同的人尋求支持或慰藉。另外，我們也必須談談向陌生人傾訴這件事。你會不會覺得這個舉動很吸引你？戲劇裡常出現這樣的場景：坐在酒吧吧檯的客人，一邊喝著酒，一邊跟善解人意的酒保傾訴生活中的各種苦痛；但在現實生活中，真的有人會這樣做嗎？

我訪談時問過許多人這個問題，絕大部分的人都堅決認為，自己沒辦法如此自在地和陌生人談心。不過，我對這抱持著保留的態度。我認為，我們心中還是有某個部分深受這個想法吸引，想把自己內心最深層的祕密和恐懼，告訴那些我們很可能不會再相見的人。我們或許不是想要從他們身上得到建議，我們或許只是想要藉著這個機會，在一個不會受到評判、不會影響彼此關係（這一點對我們很重要）的條件下，說出內心的煩惱。我想，數世紀以來，天主教的告解一直能發揮這麼大的力量，也許就是這個原因。

在西伯利亞的伊爾庫茨克當導遊和翻譯的娜塔莉亞・蔻納賀娃（Natalya Khornauhova）就告訴我，「除了你的家人，搭長程火車時，坐在你隔壁的那位乘客就是你最佳的傾訴對象。俄羅斯國土遼闊，有不少搭長程火車的機會，所以旅途中，你可能會和一個完全不認識的人，待在同一個車廂五天之久。這個時候有些人就會開始毫無包袱地分享自己的人生故事，他們會這樣做或許是覺得，火車到站之後，彼此就再也不會碰面。」

10

社群媒體或許是不錯的交流管道，但面對面談話給你更強大的力量

說到社群媒體對世界造成了什麼影響，「過度分享」絕對是你最常聽到的抱怨之一。事實上，分享的分寸似乎不是那麼好拿捏。有些人會抱怨，他們的朋友老是發些不切實際、活潑歡樂的照片，營造自己過著完美生活的形象；有些人則會抱怨，社群媒體上的分享「太赤裸了」，他們覺得「有些事情不適合搬到檯面上說」。最重要的是，很多人都會同時提出這兩種抱怨！

就我個人來說，我比較常在社群媒體上分享正面的經歷。我這麼做不是為了替自己樹立一個陽光正面的形象——我希望在線上也能如實呈現自己的面貌——純粹只是覺得這樣的分享模式比較適合我。可是我明白，並不是每一個人都適用這種分享模式，看到那些選擇分享自身困境和疑慮的人，我也會盡量給予他們支持。

不過我必須承認，當我看到社群媒體專家克萊爾・博伊絲（Claire Boyle）在社群平台上分享的一張照片時，心裡確實覺得她的分享可能太過頭了。照片裡，克萊爾躺在病床上，臉色跟她身邊的床單一樣慘白，隨圖還附上生動的文字，敘述了她經歷的苦難。這讓我覺得不太舒服，也不想再看下去。我完全無法理解，為什麼有人會願意用如此寫實的方式，在社群媒體上分享個人的創傷。

克萊爾因為醫院的誤診感染了敗血症，整個人病得很嚴重，甚至在鬼門關前走了好幾回。三個月內她動了三次手術，在醫院待了很長一段時間，覺得自己孤立無援又心煩意亂。

接下來的幾天和幾週，克萊爾都持續在社群媒體上發布這類寫實的照片，與大家分享她欠佳的身體狀況，以及她和她當時的伴侶路易斯正在經歷的那場噩夢。那個時候我還是無法認同她的那種舉動，所以她後續的發文我也都沒有關注。但現在，我真希望當時我有繼續追蹤。

我一有寫這本書的想法時，馬上就想到了克萊爾的故事，以及她為何如此鉅細靡遺地分享那段經歷。到底是什麼原因能讓一個人把自己的生活分享到那種程度，如果同樣的情況再次上演，她還會再那樣做嗎？

「如果我不知道對方的處境，我就無法支持他」

對克萊爾來說，透過社群媒體向她的朋友和眾人分享各種經歷，是一件再平常不過的事情。多年來，克萊爾不論是在工作上或私人的生活中，都離不開社群媒體。

「我覺得這樣的平台很適合我。我之所以會把自己的好事和壞事都分享出來，是因為不論在社群媒體上或在現實生活中，我都想呈現自己最真實的樣貌，這對我來說非常重要，所以我不會只想把自己生活的某一些面向分享給大家。當然在專業領域上，我想讓大家看到我最好的一面，但在私人領域上，我覺得讓其他人多了解我生活中面臨的挑戰，也是至關重要的。」

我覺得讓其他人多了解我生活中面臨的挑戰，也是至關重要的。

臉書是先前克萊爾分享生活點滴的平台。工作方面的事情，克萊爾一直都是以推特和 LinkedIn 為主，所以你無法單憑一方的平台，充分了解她和路易斯當時的處境。不過臉書提供了一個管道，讓克萊爾可以跟關心她的人保持聯繫。

「如果沒有那些在臉書上支持我的朋友，我根本無法面對那段過程。它給了我一條救命繩。我被困在病床上的時候，臉書就是我獲得力量的唯一管道，讓我得到許多關愛和支持，讓我覺得自己應該有辦法挺過那個難關。」

同時這個舉動也讓克萊爾從朋友那裡得到了非常關鍵的幫助。畢竟在平台上分享這類事情，不單是為了討拍或尋求關注，克萊爾還在上面得到實際的協助。除了心靈上的支持，還有一些更有價值的事。

「在醫院接受治療的那段時間，我碰到的其中一個大問題就是，沒有人要聽我的話；不論我說什麼，醫院裡的人都會把我當空氣。被這樣對待的次數多了，我的自尊心也開始崩解了。那個時候我真的很需要其他人的支持。」

分享的缺點

我有個朋友跟克萊爾有工作上的往來，我問他有沒有看過她之前發的那些生病歷程的文章，還有他對那些分享的看法。他非常明確地跟我說，他覺得她分享過頭了，所以後來他都沒有再介紹工作給她，因為他知道他能介紹給她的那些客戶，也會對克萊爾那些分享感到反感。

我問克萊爾，是否也有其他人對她做出類似的反應。她的朋友、家人，或人際網絡中的其他人，有沒有對此表示反感？如果有，她又有什麼感覺？

「那段期間，我覺得我的摯友都很挺我，但我知道確實有很多人對我分享的事情感到反感，但沒關係，我能接受這個事實。」

在那段生死交關的養病過程中，克萊爾十分肯定社群媒體的重要性。她堅信如果沒有它，她就無法走過那段路。「我知道當初要是我沒有那麼做，今天我就不可能還活在這個世界上。所以就算重來一次，我還是會做出同樣的事，因為當時在臉書上分享，給了我一條能夠堅持下去的救命繩。」

胖子不能跑步？

我所訪談的人當中，不是只有克萊爾發現社群媒體是獲得眾人支持的好管道。就克萊爾的情況來說，她可以透過臉書從她朋友和家人身上得到支持；但對其他人來說，他們則可以透過一些網路社團，從那些跟他們面臨相同或類似挑戰的人身上得到慰藉。

你第一眼看到茱莉・克瑞菲爾（Julie Creffield）的時候，不會立刻聯想到她是世界上最具影響力的運動員之一。她是一個討喜又活潑開朗的東倫敦人，臉上總是掛著笑容，是團體中的焦點。但你就是不會用「運動員」這個詞來形容她。

說得更具體一些，茱莉是一位有份量的女性。她絕對不到肥胖的程度，但也稱不上纖細。從小到大，她參與體育活動的方式，就是和家人一起坐在電視前，觀看週末的足球比賽。一直到二十多歲，茱莉也沒有什麼運動的習慣，只有在去夜店時，會稍微跳一下舞。

然而，茱莉促成了一個全球性的女性健身社團，許多女性都因她的啟發開始運動。她的影響力讓她受到許多單位的表揚，例如英格蘭體育協會（Sport England）、英格蘭運動家（England Athletics）和英國國會。她一直在世界各地宣揚運動的力量，許多全球品牌都紛紛表態，等著茱莉替他們的品牌站台。

這個只愛參加派對活動的厚片女孩，是怎麼在運動界變得如此有影響力的？

一切都要從二〇一二倫敦奧運的籌備階段說起。當時英國政府想要讓這場奧運激發更多人投入運動，而茱莉就是其中一個成功案例。

二〇〇四年，茱莉在東倫敦的政府機關工作，負責奧運的宣傳業務，當時她的其中一位同事負責健身俱樂部的計畫，還邀請她參加這個俱樂部的活動。茱莉選擇了3K長跑。

但她跑得太慢了，那天她好不容易跑完全程，以最後一名之姿抵達終點時，卻發現活動的工作人員早就把場地收拾得一乾二淨，收工回家了。正是這個難堪的經驗，激起了茱莉對跑步的執著，但當下的她卻沒有任何管道去獲取這方面的資訊或支持。

「那時候還沒有這種主題的部落格，我的樣子也跟健身雜誌裡的那些照片完全不同掛。有大概五年的時間，我都只是像無頭蒼蠅般，盲目地參加比賽，卻沒有為此進行任何訓練。那段時間我真的是亂搞一通。再加上當時我還是很熱衷派對活動，所以即便兩週後我有場比賽，我依舊會去派對狂歡，而不是早起晨訓。反正，那時我一直在用錯誤的方式做運動。」

「我覺得跑者都很苗條，也沒看過像我這麼大隻的人在跑步。可是我又期待如果我跑得夠多，說不定我也能夠變得那麼苗條。當時我對健康和健身方面的知識可說是一無所知。」

儘管如此，那時茱莉還是決定在倫敦主辦奧運的二〇一二年，她一定要去參加「倫敦馬拉松大賽」（London Marathon）。

摸黑練跑

茱莉不覺得她的朋友和家人有認真看待她想跑步這件事，而她自己也很清楚她的體重和外表與跑步這件事有多衝突。「我非常低調地在做這件事。我會天黑後練跑，而且都是去沒什麼人的地方跑。從來沒有人看到我練跑的樣子。」

不過茱莉用文字記錄了這段經歷，她開始寫部落格，而這個舉動也為她的人生帶來了巨大的轉變，大幅改變了其他人和她自身看待自己的眼光。

「我決定把這個部落格命名為『胖女孩跑步互助會』（The Fat Girl's Guide to Running）。一開始我只是想要取個帶點幽默感的名稱，沒想到幾年之後，這個議題受到越來越多人關注，也多了一些政治色彩。同時我也注意到，我喊出這個名號時，大家越來越少把討論的重點放在我身上，反倒是對這方面的議題比較感興趣。」

「我認為這就是我的部落格有這麼多追蹤者的原因。因為大家意識到，我的部落格不只是記錄了我的訓練過程，還拋出了許多值得大家反思的問題，像是：為什麼你買不到大尺碼的跑步風衣？為什麼半馬賽的主辦單位只給參賽者三個小時的完賽時間？許多投入運動的女性都對諸如此類的問題頗有感觸。」

把「胖女孩跑步互助會」發展成一門事業

在此同時，茱莉的生活也面臨了一連串的挑戰。她不但在奧運開幕的隔天被裁員了，家庭關係也搞得一團亂，她發現自己成了一名靠失業救濟金度日的單親媽媽，房子還很可能被法院查封。

後來，茱莉腦筋一轉，決定用她那個小具知名度的社群平台來賺錢。她在推特上發起了一項挑戰，尋找想要完成人生首場馬拉松賽事的女性，打算藉此證明她有助人達成這類目標的能力。後來她找到十六位有這種目標的這女性，並以無償的方式指導她們跑步技巧一年。一年後，有八名女性順利達成目標，另外八名女性則在她的指導下繼續努力。

沒多久，茱莉就闖出了名號，還以「胖子不能跑步」（Too Fat to Run）當作品牌標語。

「有一次我在抱女兒的時候拉到背，去看醫生的時候，醫師看了我一眼，就一副心知肚明的樣子。我告訴他，我的背很不舒服，但他打從心底認為，我就是太胖才會這樣。」

「他說，『嗯，妳需要好好休息。』他開了止痛藥給我，又告訴我如果狀況沒有改善，要再回來複診。我問他，『那可以運動嗎？』他茫然地看著我。我告訴他，『兩週後我要跑馬拉松。』他倒抽了一口氣，然後說，『妳不能跑馬拉松，妳太胖了。』他顯然不曉得，那個時候我已經跑了快十年的馬拉松。那位醫師的反應令我非常傻眼，我把這件事分享到跑步群組時，其他的女生告訴我，她們也遇過這種情況。」

「這就是為什麼我要用『胖子不能跑步』作為品牌標語。這個標語震撼力十足。運動產業的人完全無法理解，我怎麼能把這個品牌做得這麼成功。但我就是有辦法把它做起來，因為只要妳是個有點肉的人，就會對這句話有所感觸。只有很瘦的人才會覺得這句話帶有敵意。」

在 Clubhouse 裡相依相偎

「我明白我的部落格會得到那麼多關注，不是因為我這個人特別有魅力，而是因為我能幫助到其他女性。現在也有一些跟我性質類似的部落客，但他們就無法做出我這樣的成績。這是因為他們不曉得我經營這個部落格的主要目的並不是為了賺錢，而是為了讓彼此能有個依靠。」

但茱莉確實有某些獨特的魅力，像是她的開放和誠實。她在語音社群平台 Clubhouse 有開一個線上跑步聊天室，在那個聊天室裡，她會毫無保留地與在場的每一位女性分享生活的喜怒哀樂。她們都是在跑步比賽上認識的，也會到彼此的 Clubhouse 小房間串門子。

「那個聊天室群組大概有三百五十位女性。特別的是，每次群組裡有誰好一陣子都沒出聲，都會有人注意到，然後大家就會開始關心那個人的近況。裡面有許多女性都有憂鬱或躁鬱的問題，她們也很清楚彼此的生活會碰到哪些狀況。在這個群組裡，大家聊的不是只有跑步。」

特別的是，每次群組裡有誰好一陣子都沒出聲，都會有人注意到，然後大家就會開始關心那個人的近況。

顯然就是那股正面的影響力，驅動著茱莉繼續將她的部落格發揚光大。「我還記得，之前我收到一封從美國寄來的電子郵件，信裡寫到，『我每天早上都會看妳的部落格。我已經跑了好幾年的步了，但我一直覺得自己是跑步界的異類，因為我是個厚片人。這也讓我不敢跟其他跑者請教跑步的技巧，所以有任何問題我都只能靠自己摸索，基本上我在準備我的第一場馬拉松時，都是獨自一人埋頭苦練。』」

「就是這股孤獨感把眾人聚攏在一起。這個科技讓大家有機會搭上線，建立猶如家人般的緊密連結。我創建這個聊天室不到一週，聊天室裡的人就告訴我，她們不敢相信自己能有這樣一個地方，可以安心地暢所欲言。很多話她們連對最親近的朋友都說不出口，但在這裡，她們不但分享了這輩子從未說出口的事情，還發現這種暢談、坦誠以待的談話很有力量。」

社群媒體是分享的好管道嗎？

克萊爾和茱莉的故事都充分反映出，社群媒體的確是個很有效的分享管道。確實，有些人或許會發現，比起面對面的談心，坐在鍵盤前面，他們反而更能夠將心中的煩惱全盤托出。不過，在此同時，你還是需要考量到一些事情。

首先，每個人都有各自的想法，不見得別人的想法就是對的，或是適合他們的做法也適合你。你可以利用社群媒體傾訴、發洩和尋求不同的見解，但請不要把其他人說的話看得太嚴重。

每個人都有各自的想法，但不見得別人的想法就是對的，或是適合他們的做法也適合你。

找個類似茱莉的 Clubhouses 那樣的社群，在志同道合的人群中，你或許會比較有勇氣說出心裡的話；就算有時候你可能只是默默潛水，沒主動發言，光是看著社群裡的對話，也能讓你獲得力量，因為你會知道自己並不孤單。

但在這裡我也必須再次強調，請不要把其他人說的話看得太嚴重，尤其是在有特定立場的社群裡，裡面或許會有非常強勢的人，不斷想把自己的想法灌輸到別人身上。

你也需要想想，你想要跟網路上的誰分享，其他人又會怎樣看待你的發言。相較於直接在臉書上發文，私訊聊天會是比較具隱密性，又比較不會招來一堆流言蜚語。社群媒體的反饋會如何影響一個人的生活，我們也一直時有所聞，因此，不管你的隱私權限是怎樣設定的，都不要把所有的事情毫無保留地發布到網路上，尤其是你不想要讓任何人知道的事情。

> 相較於直接在臉書上發文，私訊聊天會是比較具隱密性，又比較不會招來一堆流言蜚語。

在線上談心前，請你先加入相關的社群，或用更坦誠的態度更新自己的動態。你也必須自問在上一章我們討論的六道問題，只不過這次你要從「線上」的角度來考量。

- 你需要談什麼事？
- 你為什麼想要在線上分享？
- 什麼時候是分享的好時機？
- 你應該分享到什麼程度？
- 你要在什麼場合分享（哪一個平台、哪一類社群）？
- 你要跟誰在線上分享？

最後，我想鼓勵你將社群媒體視為一種工具：你能用它來開拓人際網絡，降低尋求幫助的難度，可是，請千萬不要把它當作面對面談話的替代品。

躲在鍵盤後面發言或許比較輕鬆，但真實的對話能產生更強大的力量，因為我們在面對面交談時，能從語調和肢體語言表現出更多細微的感受，這些都能讓我們得到更適切的幫助。

第3部

展開行動

11 對自己負責

在第十章，我談到了在社群媒體上尋求支援時，你要怎麼拿捏分享的分寸，還有對網路上的意見持保留態度的重要性。其實不只是在網路上，你在敞開心扉尋求幫助時，對任何人給予的意見和支持都應該抱持著這種態度。

因為最終你的人生方向和事業成就還是要由你自己負責。這些意見絕對能提供你更多不一樣的想法、觀點和見解，但最後要做出怎樣的決定，選擇權還是在你的身上。

也就是說，最終你採取的行動，應該完全出自你自身的意念。

展開行動是尋求幫助之後的必要之舉。這本書前三部的章節，都在闡述我們向其他人尋求幫助和支持時，會遇到的阻礙。第一部談到，對示弱這個舉動的不自在感，會讓許多人沒有勇氣開口。第二部談到，就算我們有勇氣開口，我們也沒有一套方向明確的策略，讓示弱這個舉動為我們帶來最大的助力。

等到我們充分消化了自己的情緒，也理出了最好的解決方案，就到了必須果斷展開行動的階段。因此在第三部，我們要談的就是這件事，而展開行動大概也是這段路上最具難度的關卡。

等到我們充分消化了自己的情緒，也理出了最好的解決方案，就到了必須果斷展開行動的階段。

分享能讓其他人給予你幫助，減輕你肩上的一些負擔，但只有一個人要為接下來發生的一切負責。

你自己。

在第一章，我們看到比利・施威爾在失去了世界拳王的頭銜後，讓自己的人生脫序成什麼模樣。雖然後來比利花了幾年的時間才又重返正軌，但他最終還是為自己的人生負起了責任，為扭轉這一切採取了必要的行動。

我們克服生活挑戰的狀態，就好比被逼到擂台角落的拳擊手：當對手一次又一次痛擊他們的臉部時，場邊的團隊也只能在一旁吶喊助攻。沒錯，場邊的團隊是很重要，但在場上，只有你能設法揮拳反擊，也只有你能設法不被對手擊倒。

「好的場外助攻能幫你贏得勝利。」比利對我說。「他們從場外觀看擂台上的對戰時，可以看到你在場上看不見的機會。但是在如此高壓的環境下，你要將他們看到的機會化為實際的行動有很高的難度。當下你能倚靠的人，就只有你自己。你的團隊能夠在一旁支持你，但在拳擊場上，你就只能靠自己戰鬥。」

回顧、重組和回應

幸好，相較於世界級拳擊手在場上的反應時間，我們在生活和職場上面對的許多問題，給我們的反應時間都長很多。你在採納意見、擬定計畫，並展開行動時，必須經過以下三個階段。

首先，我們需要「回顧」（review）別人給我們的資訊。視那個挑戰的性質而定，你或許會想從不同廣度的對象身上，獲取不同廣度的觀點。基本上，越複雜的問題，就越需要你廣納各方意見，了解所有的可能性。

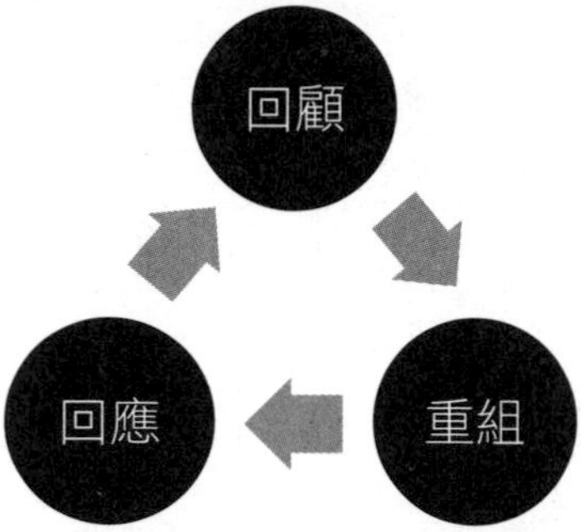

舉例來說，假如你要為重大的公共政策做出決定，你就不能只問某個顧問或朋友的意見。在決定下一步該朝哪個方向推進之前，一定要先徵求關心此政策成果的各方人士的意見，以確保自己有考量到所有的可能性。在第十九章我們就會看到，在沒充分徵詢各方意見的情況下，會導致什麼樣的後果。

另一方面，如果你傷腦筋的是比較不需要眾人層層檢視的事情，例如該不該提出升職申請，或是該怎樣開發潛在客戶等，那麼在做出決定前，你大概就不用找那麼多人談。在廣納各方意見的同時，也請你盡可能做到，以客觀態度傾聽每一個人，不要預設立場。你越能以客觀的態度評斷每一個人的觀點，就越能權衡出每一項意見的優點，彙整出最好的結論。

你越能以客觀的態度評斷每一個人的觀點，就越能權衡出每一項意見的優點，彙整出最好的結論。

切記，不論是在職場或生活方面，在許多情況下，大家的決定都會受到本身的規劃和信念左右。

回顧完各方的意見後，我們就需要「重組」（reframe）這些意見，擬定出一套計畫，然後模擬它在各種情境下可能產生的結果。每一個行動環節會對整個計畫發揮多大的影響力？還有你可以從這些行動獲得哪些好處？都是你必須考量的部分。

篩選意見的時候，請不要只考慮到這些意見「聽起來」有多適合你，你還要考量你執行它的能力。問問自己，你能把它們落實到什麼程度？同樣地，也請你別忘了，你才是那個要為最終結果負責的人，所以你一定要非常清楚那個行動可能帶來怎樣的後果。

這可不是聽取各方意見，然後選一個最多人提到的方法那麼簡單。身為那個要為最終結果負責的人，你一定要對自己做出的最終決定感到滿意。

聽聽你內心的聲音。你對最終的決定有何感覺？其實你知道自己最想要怎麼做，而你的本能也會引導你做出讓你感到比較滿意的決定。有時我們內心的聲音會被大量的雜訊掩蓋，這時就需要更用心地去體會我們真正的感受，讓它們幫助我們做出最終的選擇，找出合適的意見。

我喜歡用丟硬幣這個方法，來判斷我們的決定是否與我們的本能相符。決定好「正面」和「反面」代表的選項，然後看看你在硬幣落地後有什麼感覺。如果你對結果感到開心，那就表示它是適合你的決定。如果不開心，就換一個選項。

了解每個人提出意見的觀點。如果他們是根據個人的經歷提出方案，那麼他們面對過的狀況與你的情況有多相似？如果你們的狀況完全不同，採取相同的行動，又能對你發揮多大的幫助？

了解每個人提出意見的觀點。如果他們是根據個人的經歷提出方案，那麼他們面對過的狀況與你的情況有多相似？如果你們的狀況完全不同，採取相同的行動，又能對你發揮多大的幫助？

傾聽並回顧這些意見，藉由其他人的眼光好好審視自己的處境和喜好，然後做出適合你的決定。你可以原封不動地採納大家的意見，也可以把既有的意見調整成適合你的狀態，或者你可以完全不聽他們的建議，選擇另一條路。

最後，等你在擂台的角落權衡完該意見的所有可能性，就必須做出「回應」（respond）、展開行動。你需要靠自己揮出幾拳。

在拳擊場上，拳擊手每三分鐘就可以休息一下，讓各自的團隊重整選手的狀態；提醒他們比賽的計畫，還有視情況調整一些作戰細節，例如要攻擊眼睛以上的位置，或直擊對手的鼻子等。

同樣地，就算你做出了決定，踏上了擂台，你也不必單打獨鬥。你可以先照著比賽計畫走，然後在中場休息時，回頭請他們依照你的進展再提點你一下，並持續檢視你的方法。

投入（commitment）和當責（accountability）程度是採取有效行動的核心。

投入和當責程度是採取有效行動的核心。

下一步你要做的就是找出守在場邊的人。雖然你在廣徵各方意見時，可能沒有很正式地特別請教誰，但我們還是可以用很多方法讓彼此的關係正式化，確保對方能持續與你討論後續的行動。接下來的兩章，我就會針對這個部分，向大家介紹兩套方法。

12

組織和經營智囊團的十大原則

開發強大支持網絡的方法有很多，從打些非正式的電話請教別人意見，到請個正式的顧問安排規劃，都是你可以選擇的管道。不過若要說什麼樣的支持網絡力量最強大，肯定非智囊團莫屬。

一九三八年，拿破崙・希爾（Napoleon Hill）在他的著作《思考致富》（*Think and Grow Rich*）[8]一書中，首次讓大眾注意到「智囊團」（Master Mind Groups）這個概念。近年，雷德・霍夫曼（Reid Hoffman）則在他的著作《自創思維》（*The Start Up of You*）[9]分享了約瑟夫・普利斯特里（Joseph Priestley）的故事。一七六五年，普利斯特里是位年輕的業餘科學家，在英國鄉村的一間臨時實驗室做實驗。

霍夫曼說，「普利斯特里是個非常聰明但沒有同好的人，一直到十二月的某一天，他去倫敦參加了誠實輝格黨俱樂部（Club of Honest Whigs）的活動，才認識了志同道合的朋友。這個俱樂部是班傑明・富蘭克林（Benjamin Franklin）發起的，當時他一直在英格蘭提倡美國殖民地的權益，每兩週都會在倫敦咖啡館（London Coffee House）召開聚會，與他胸懷大志的友人們交流。」

「普利斯特里參加這場聚會，是為了得到一些寫書的想法，他想寫一本有關電學史的書。但在那場聚會中，他得到的收穫遠遠超乎預期。富蘭克林和他的朋友不只給了普利斯特里寫書的想法，還開了他們的私人科學藏書庫供他檢閱資料，甚至還表達願意替他審稿的意願。他們的友善和鼓勵帶給他很大的力量，最重要的是，之後普利斯特里也持續與他們保持交流。」

「簡單來說，那晚在咖啡館的聚會，大大改變了普利斯特里的職涯軌道。普利斯特里跳脫了半孤立的狀態，在咖啡館得到強大的人際和合作網絡。爾後他不僅持續在科學寫作這條路上發光發熱，還成了發現氧氣的知名科學家。」

簡單來說，那晚在咖啡館的聚會，大大改變了普利斯特里的職涯軌道。普利斯特里跳脫了半孤立的狀態，在咖啡館得到強大的人際和合作網絡。

智囊團一直是我發展個人事業的重要工具。我在許多演講中都有說到，在事業上，這類團體的意見能如何替我們避開災禍；就算真的碰上麻煩，他們也能支持我們做出最好的決定，將損失降到最低，以完全不同的局面度過整場危機。

我有參加幾個由同性質企業家和職業講師組成的智囊團，而且到現在我們都還是持續保持交流，這對我們彼此的事業都帶來了不小的幫助。

我在開一些課程的時候，會安排一個「五分鐘迷你智囊團」活動，讓眾人親眼見證集思廣益的驚人力量。大家會在毫不知情或毫無準備的情況下，隨機分成幾組，一起想出某個難題的解決方案。到目前為止，所有人都表示這個活動非常受用，而這項活動也成為我課程中的一大亮點。

如果光是這樣隨機組成的智囊團都能發揮如此大的影響力，那麼你按照自身需求刻意組成的智囊團，又會帶給你多大的力量？以下是我組織和經營智囊團的十大原則，它們能幫你建構出一群可靠的後援團隊。

❶合適的成員

智囊團能否順利發揮功用，有很大一部分取決於成員的組成是否合適。如果成員的能力和經歷相差太多，你一定會慢慢發現，有些人會開始質疑這個團隊對他們帶來的幫助，有些人則會覺得自己無法對團隊做出貢獻。

智囊團能否順利發揮功用，有很大一部分取決於成員的組成是否合適。

最佳的智囊團組成狀態是，所有成員都能以某種方式發揮對等的價值。如此一來，每個人都可以在團隊裡做出貢獻，並獲得經驗。

雖然要達到完全對等的境界是不太可能的事，但找有類似工作或事業背景的人是不錯的方向。就跟職業講師或健身業者常會自成一個圈子一樣，你或許也可以從同業中物色人選，或是選擇在公司或產業裡職務與你相近的人。或者，你也可以反其道而行，把各個領域的菁英聚在一起，例如行銷、經濟、管理和科技這類的組合。

理想來說，團隊裡的成員最好一開始就彼此認識。萬一你組成的智囊團成員都只認識你，彼此卻互不認識，那你最好先了解一下大家的共同喜好，替他們安排一些社交活動，以確保彼此能在日後碰撞出好的火花。

在成員互不認識的情況下，想要成員之間徹底透明和相互扶持，你一定要給他們時間和空間去了解、欣賞和信任彼此。唯有大家相處融洽，順利建立信任和友好關係，你才能不用老為成員的流動操心。

❷ 共同的願景

知道自己在做些什麼，對智囊團的凝聚力很有幫助！智囊團裡的每個成員都需要好好思考他或她加入這個團隊的原因，以及自己想要達成什麼樣的成就。比方說，你可能是想要藉智囊團的力量，晉升到理想的職位、爭取到新興產業的案子，或是將事業推升到新的境界。

接著，你就要分享那些目標，並問問自己，彼此的目標是否相容，還有怎樣的分工能照顧到每個人的需求。

明確的願景能讓成員更願意為團隊付出，並幫助你保持專注。另外，團隊前進的過程中，也請勇於重新檢視那些目標，看看它們是否達標。

明確的願景能讓成員更願意為團隊付出。

此舉或許會導致團隊需要調整運作的方式或目標，有時候，甚至還需要更動到成員的組成。但是也只有在眾人齊心實現目標時，才能真正體現智囊團的價值。

❸ 投入程度

與其他形式的支持網絡不同，智囊團的成員人數不能太多。我認為六人左右是最理想的狀態。如果你能把成員人數控制在這個範圍，大家的出席率就會很高。

萬一成員人數超出這個範圍太多，大家的投入程度又比較差，那麼每次碰面你可能都會看到不同的成員，聽到不同的觀點。雖然這樣的情況也有它的優點，但我們太常看到大家只在自己有麻煩的時候現身，一得到想要的答案後，便又不見人影。

相對地，人數少一些，成員之間不僅能發展出更穩固的信任感，還能更了解彼此的事業和挑戰。此舉既可提升成員的當責程度，也有助修正解決方案的後續方向。另外，約定碰面的頻率時，除了要考慮到大家的行程，還要考量它能否維持整個團隊的動能。

❹明確的討論流程

設立每次碰面的討論流程，以確保每次的交流都能緊扣團隊的共同目標。我建議每次會議都要指派一名主席，由大家輪流負責規劃和掌控議程的工作。

你要把時間安排得恰到好處，除了要讓每位成員都有一點時間分享自己的挑戰和近況，還要預留足夠的時間去深入探討其中的某些挑戰。

雖然我在授課時安排的「五分鐘迷你智囊團」活動，是能帶來一些不錯的成果，但不可否認的是，在這麼短的時間內，我們對彼此的了解和提出的建議，都只能做到最基本的程度。我參加的幾個智囊團中，有的會給每位成員四十五分鐘的時間分享自己的挑戰，有的則會給更長的時間，但每次只有一、兩位成員能分享。你必須依成員的狀況訂出最適合大家的討論模式。

撇開時間分配的部分，就我的經驗來看，最有效率的討論流程如下：

- 讓面臨挑戰的人概述他正在尋求哪方面的支持，同時說明整個狀況的背景。
- 其餘的成員提問時間。在這個階段，他們發問的目的是要充分了解問題的狀況，或釐清面臨挑戰的那個人有無隱瞞，或察覺到更大的潛在問題。
- 面臨挑戰的人重申他的難處。這可以讓他們改變尋求支援的方向（如果上個階段的提問有找出更大的相關問題），或把其他人的討論方向拉回正軌（如果他覺得其他人的思考方向偏離了他想討論的重點）。

• 其餘的成員提出建議和解決方案。此時面臨挑戰的人只能對其他成員「表達感謝」，不應該做出任何防衛性的回應；他們必須以開放的心態接受這些新的想法。這一點非常重要，原因我會在第九點說明。

❺ 做足準備

你必須事先做足準備，才有機會從你的同儕身上得到最好的點子。有時候我們也可以說，這是在「做功課」。

參加會議前，請撥一點時間出來，提醒自己為什麼要出席，還有你想要達成什麼目標。這是一場需要耗費大量時間和體力的討論，所以你必須確保自己能從中得到值得的回報。

每次開會前都問問自己，當下你最大的挑戰是什麼，又有哪些支持最能令你受惠。如果你一點想法都沒有，請你好好再想一遍。我不太相信有人在職場或事業上能如此無憂無慮，而且完全無法從其他人的意見、回饋或不同的觀點中受惠。

假如當下你確實一帆風順，那你何不想想，自己還有哪些地方能再進步個10%？你應該要怎樣做才能朝這個目標邁進，甚至是超越這個目標？

倘若你始終看不見這群人能為自己加什麼分，那麼你就要想想，你找的人合適嗎？

假如當下你確實一帆風順，那你何不想想，自己還有哪些地方能再進步個10%？

❻ 保密原則

這一點非常重要（尤其是在考量到第七點的情況下），要每一位成員都願意開誠布公地說出心裡話，就必須讓他們相信，會議中的所有內容都會保密。這背後也意味著，成員之間可能需要花一點時間徹底信任彼此。

業餘橄欖球員可以用「場上發生的事，就在場上解決」來理解這種概念，不過對其他人而言，或許會對國際會議常用到的「查塔姆守則」（Chatham House Rule）[10]比較熟悉。

若把查塔姆守則套用在智囊團的會議上，就表示與會者雖可共享會議中的一切資訊，但必須遵守嚴格的保密條件；而且我建議，你最好還要要求成員，不得在未經發言者的允許下，任意分享任何資訊。在團體討論中，這樣的做法很合理，你應該與你的成員在保密程度上取得共識，了解有哪些資訊可對外分享，同時這也會影響到你們日後邀請其他來賓或成員加入討論的方向。

❼坦承一切

有了保密原則，有了對彼此的高度信任，此刻你智囊團裡的成員應該都能自在地說出一切。在我們需要支持和建議的時候，有個可以安心傾訴的地方很重要。

如果你不說出來，智囊團的成員就無法幫到你。我參加的某個智囊團，就曾發生過這種情況。等到我們發現那位成員的狀況不對時，早就錯過了出手相助的時機。假如當初那位成員願意早一點坦承一切，其他成員一定能幫上忙。

❽提出問題

或許智囊團的成員才剛說出自己面臨的挑戰，你腦中就立刻想到幫助他們的答案，而且很想要打斷他的話，馬上把你的想法告訴他。但請你忍住，千萬不要這麼衝動。

要是你能先多了解這個問題的細節，之後你多半都會給出更好的解決方案。在議程進行到發表解決方案的階段前，其他成員都應該要藉著提問，了解面臨挑戰者做過哪些努力，又有哪些有用、哪些沒用，或是有沒有考慮過其他的替代方案等。

要是你能先多了解這個問題的細節，之後你多半都會給出更好的解決方案。

如果你心中已經有了答案，提問就能幫你驗證，它是否就是那個合適的方法。另外，你也能藉此了解一下，該名成員提出的狀況，是否是阻礙他前進的真正原因。

稍早我有提到，智囊團可以幫助我們翻轉事業危機。當初我請我的智囊團給我一些意見，讓我能夠更有效地行銷自己，但經過成員輪番提問後，他們發現我的問題原來與行銷無關。當時我的問題在於我沒把心力全放在事業上，在這樣的情況下，事業當然好不起來。於是我們一起釐清了這個事實。

多虧成員的正確提問，我才看清了自己真正的問題，否則我也不曉得自己真正想做的是什麼，以及要如願以償需要朝哪個方向努力。

❾ 開放的心態

智囊團成員要遵守的其中一條黃金準則是：其餘的成員提出建議的解決方案時，你只能對他們說聲「謝謝」。智囊團的成員能給你不同的觀點和方法，這是你可以利用的優勢。

> 智囊團成員要遵守的其中一條黃金準則是：其餘的成員提出建議的解決方案時，你只能對他們說聲「謝謝」。

要做到這點，你的最大阻礙就是你自己。

我們心中的角落似乎都有一個小小的聲音，只要別人一提出什麼建議，就冒出頭告訴我們那樣根本行不通。而說「謝謝」能迅速壓下這個聲音，讓你有時間好好消化這些建議，評估它們對你的挑戰有多大的影響力。

你需要保持開放的心態，給自己一些時間去思考這些你過去從未想過的想法。等你消化完這些想法了，你還是可以與你的智囊團進一步討論和驗證這些建議的可行性，然而在剛聽到這些建議的當下，請你不要這麼做，請先讓自己把它們徹底想過一遍。

❿ 當責程度

智囊團的成員可不是說完各自的想法和建議就能拍拍屁股走人。就如稍早提到的，在這群人中，不論是誰碰到困難，成員都必須給予彼此充分的支持。

討論完各自的挑戰後，每一位成員都應該有所行動，並持續與眾人分享後續的狀況。除了排定展開各個行動的時間表，你或許還可以請某個「比較要好的」成員幫你盯進度。在之後的會議中，你也要花一點時間與成員檢視進度，尋求一些反饋。有需要的話，也可以花點時間修正行動的方向。

若在成員的鼎力相助下，你成功克服了挑戰，或讓事業、工作達到新的里程碑，也可以考慮在會議結束後，安排慶功宴表達對成員的感謝。

13

找個願意為你指點迷津的導師

在尋求幫助的正式方法中，找一位導師（mentor）或教練（coach）是較為傳統的做法。導師經歷過你此刻正在面對的狀況，或具備某些你欠缺的專業，他們可以引導你度過該道關卡。教練就不一定有這些你需要的見識，但他們能傳授你一些技巧，幫助你自行找到答案。

在這一章，我想把討論的重點放在導師這一塊上，不過如果你是找教練與你並肩作戰，這當中的許多觀念其實也都能派上用場。以我自己為例，我在寫這本書的時候，光是在正式的支持網絡上，就找了一位教練、一位導師和兩個智囊團；在非正式的支持網絡上，更是有不計其數的人提供我各種援助。因此，你尋求協助的對象可以很多元，不見得要選邊站。

你只要記住，不管你做出了怎樣的選擇，我在第十一章強調的觀念都是成立的：你必須為最終的決定負起責任。

何謂「導師」？

愛爾蘭演說家暨信任關係專家肖恩・韋弗（Sean Weafer）說，導師是「某個能夠傳授特定技能或知識，幫助受指導者加速成長的人。」

我則把導師視為「某個可以傾聽我的想法，並誠實對我說出犀利反饋的人。」我的導師很符合我心目中理想客戶的特質，所以每次我在工作上想到什麼新點子，或打算推出什麼新的行銷方案，都會先向他分享。如果這些點子激不起他的共鳴，就表示它們很可能也激不起我潛在客戶的回響。

但對我而言，導師可不僅僅是一個試水溫的角色。我一直在找一個能給我明確建議、挑戰我的信念，並督促我為自己承諾的行動負責的人。一個好的導師也能讓你跳脫日常的框架，迫使你正視自己在職場或事業上長久以來的發展狀況。

但對我而言，導師可不僅僅是一個試水溫的角色。我一直在找一個能給我明確建議、挑戰我的信念，並督促我為自己承諾的行動負責的人。

我已經談過導師和教練之間的差異。為了讓大家更清楚他們之間的不同，我還想跟各位談談，有機會在職涯發展上，為你帶來重大幫助的第三種人，那就是「事業贊助者」（sponsor）。

事業贊助者在你的職涯發展上常扮演一個特別的角色，而且他們通常是你所屬組織中某個會主動提攜你的資深前輩。事業贊助者可能會給你意見和指導你，以確保你能勝任某個職務，不負他們的提拔。不過，一般來說，他們不會像導師那樣，花那麼多心力去關心你的長期事業規劃和細節。

雖然可能會有一些例外，但導師通常不會把指導的重點放在技術上，而是會放在謀略上。他們會先了解你想要達成什麼目標，還有你打算怎樣達成它，然後針對這些提出一些策略。我自己就希望我的導師能這樣指導我，給我一些不同的想法，但他不一定要告訴我執行它們的方法。

「反向指導」（reverse mentoring）大概就是其中一個例外，這種指導模式在求新求變的科技和媒體產業中特別常見。由於經驗是擔任導師的主要條件，所以大家多半會認為，能勝任這個角色的人都是白髮蒼蒼、年屆退休的資深前輩。然而這種觀念已經過時了，現在有許多人在四十幾歲，甚至是更年輕的時候，就具備了足以擔任導師的經驗值。至於現在越來越常見的「反向指導」則是指資深主管向年輕的後輩請教產業中的新觀念和新技術，使自己持續跟上產業的脈動。

由此可知，年齡和資歷並非你選擇導師的首要條件。他們有沒有能力指導你，還有他們願不願意指導你，才是你要考量的兩大要素。

你的理想導師要有哪些特質？

這些年，我在世界各地的許多組織演講時，都談過導師這個主題。雖然那些組織多半都有提供職員正式的導師制度，但我卻很遺憾地發現，這當中有許多公司的導師制度都只是徒具形式，並沒有發揮應有的成效。因為大家對導師這個角色的認識不深，願意主動擔起導師這個角色，去指導其他人的自願者通常也不多。

即便有部分公司確實有訂定明確的導師制度，協助職員找到合適的導師人選，但在許多情況下，公司在這方面都採隨機配對的模式。倘若你沒有配到合適的人，你的這段導師關係不但不太可能長久，對你的幫助也會大打折扣。

請先自己做些功課。如果公司有提供正式的導師制度，你也可以把它納入考量。不過請不要把尋找合適導師人選的責任全都丟給公司的人資部，或是負責媒合導師的人。就算你申請了這類計畫，也要提供他們非常明確的人選條件。

這意味著，你必須先搞清楚自己需要什麼，而且你的條件不能很籠統。像「找個能幫助我在職場上更上一層樓的人」就太籠統，無法幫你找到合適的導師。你把你需要的條件設定得越具體，就越能找到那個能夠支持你的理想人選。

你把你需要的條件設定得越具體，就越能找到那個能夠支持你的理想人選。

我會找上我現在的導師，是因為看重他豐富的買賣交易經驗。我跟他本來就很要好，也很信任他的見識，這些都是我篩選理想導師的重要條件，但他真正吸引我的，是他在專業領域上的亮眼表現。

我不打算做什麼買賣交易，但我確實想要讓我的事業有所成長。我需要有個人支持我、引導我，甚至是哄騙我去做那些我不喜歡，還有無法自己開竅的事情——成為一個生意人。由此來看，一個有豐富買賣交易經驗的商人，不正是我最好的人選嗎？

請問問自己這些問題：

- 我想在接下來的五年或十年得到怎樣的成就？
- 我需要先做到什麼？
- 此刻是什麼阻擋了我前進的道路？
- 我碰到的最大挑戰是什麼？

等到你想出了上述問題的答案，就能接著自問下列問題：

- 我認識的人當中，已經達到我心目中成就的人有誰？而且他的起跑點最好還要跟我差不多。

- 我信賴和尊敬的人有誰？
- 願意大力挑戰我的人有誰？

你的導師需要有客觀的立場，所以不要找跟你有直屬關係的主管，或是工作上與你有密切互動的同事。理想的情況下，你的導師除了要能充分理解你的處境和挑戰，還要與你沒有任何直接的利益關係。

我也建議你找個價值觀與你相近的人，你會信賴和尊敬某些人，一定不會只欣賞他們達成的成就，還會欣賞他們達成成就的方式。不過，價值觀相近不代表思考的模式也會相近。找到一位能從不同角度思考，挑戰你做事方式的導師是一件很不錯的事。很多時候，這甚至是最令人嚮往的結果。

找到一位能從不同角度思考，挑戰你做事方式的導師是一件很不錯的事。很多時候，這甚至是最令人嚮往的結果。

橫向搜尋你的導師人選。你未來的導師或許跟你有相似的經歷，但不見得跟你在同一個領域。來自不同產業或背景的觀點，能提供你不同的思維，讓你用不同的角度思考自己所面臨的挑戰。

最後，許多人心中或許會問：「喜歡自己的導師是必備條件嗎？」我會說，這一點沒那麼重要，你只要不討厭他們就好了。比起喜歡，你更需要尊敬他們。如果你們的關係太親近，說不定會讓他們無法充分挑戰你，或是會讓你不把他們的建議當一回事。

萬一你們的關係本來就很好，你一定要確定自己能做到公私分明，不要在他指導你的時候還跟他閒話家常。

你要如何找到合適的導師？

我永遠都是先從我身邊的人開始尋覓。看看我認識的人當中，有誰符合我理想導師的特質，又有誰可能願意支持我。

如果我在認識的人裡找不到這樣的人選，那麼我就會把目光放到我知道和欣賞的業界翹楚身上。我會在我的同業和所處的組織裡，找尋可能的潛在目標（申請組織內部的導師制度，同時在直屬主管、人資和其他同事之間打聽人選）；也會如前面所說，在那些不同的領域裡，找尋有合適經驗或見解的人。

如果還是找不到，下一步我就會找我信賴的人幫忙，問他們有沒有可以推薦和介紹的人選。你也可以在產業活動和研討會之類的場合接近某些理想的人選，但切記，在他們不認識你的情況下，你突如其來的請求很可能會被婉拒。一開始，你最好先把這些場合活動只當成拉近彼此距離的管道，之後再挑對的時機提出請求，會比較有勝算。

一旦你確定了最理想的導師人選，就可以向他們提出請求。你一定要做好他們可能說不的心理準備，而且明白這樣的回覆非常正常。事實上，你在向他們提出請求的時候，一定要確定他們不會感受到非要答應你不可的壓力。只有在雙方都互有熱情的情況下，才能成就一段理想的師徒關係。

有很多原因都可能讓對方拒絕你，不過這些原因絕大多數都與你無關。他們會拒絕指導你，很可能是因為他們太忙了、覺得自己沒有辦法幫到你（所以讓他們明白你希望得到什麼幫助很重要），或不太認識你。

有很多原因都可能讓對方拒絕你，不過這些原因絕大多數都與你無關。

只要你有這種不把別人的拒絕都算在自己頭上的觀念，開口這件事就會變得容易許多；萬一被拒絕，再接再厲就好了。我自己就被不只一個人拒絕過，或許是因為他們都是事業有成又忙碌的人，不見得有多餘的心力擔任我的導師，但這依舊無損我們之間的好交情，而他們也能尊重我的想法和所作所為。

師徒關係

商業導師協會（Association of Business Mentors）的創辦人凱芮・道爾曼（Kerrie Dorman）在接受我的訪談時，為良好師徒關係的基礎做出了完美的註解，她說：「不論是不是正式約定的師徒關係，彼此都必須設下明確的規範，並確實遵守。這段關係有賴雙方的維繫，因此透明、誠實和定期回顧非常重要。」

要從正式師徒關係中得到強大助力，以下幾點是核心要素：

1. **目標明確**——雙方都需要明白你想要達成什麼，還有打算怎麼達成。這方面彼此從一開始就要達成共識，並持續朝著這個方向努力。

2. **受指導者要夠主動積極**——這一點對無酬的師徒關係特別重要。如果你不夠主動積極，你的導師為什麼要花心力在你身上？他們必須為此投注自己的時間、經驗和專業。

3. **誠實和透明**——雙方都應該做到這一點；如果受指導者無法徹底坦承他們面臨了什麼樣的挑戰，或指導者無法誠實說出意見，那麼這段師徒關係就無法運作下去。

4. **願意探索各種可能性**——不要對你未來要做的事情預設任何立場，也不要期望導師會對你說怎麼樣的話。以開放的態度接受新的想法，即使你之前已經把那個想法打入冷宮。

5. **當責程度**——一位優秀的導師不會只給建議，他還會和受指導者討論之後的行動，以確保那些行動能落實，或排除掉不合適的行動。

6. **拋開你的面子**——你們不是為了給彼此留下什麼深刻的印象，才建立這段師徒關係，給予或尋求幫助才是你們雙方的目的。扮演導師的人要特別注意一件事：你的經驗非常寶貴，但要讓受指導者從中得到最大的幫助和支持，你必須以他們的需求來分享經驗，而非繞著自己的豐功偉業打轉。

這樣的師徒關係或許緊密，但它並不是一段會天長地久的關係。儘管有些人的師徒關係確實會持續好幾年，但大部分的人都會在達到目標後自然地結束這段關係。這或許是因為新的挑戰需要新的見解，也可能是因為「親不敬，熟生蔑」，又或者日久確實會生情，而這份情誼也會讓雙方對話的方式有所不同。

假如這份師徒關係已經幫助你達成目標，請你坦然地接受這個事實。有些人或許會想為師徒關係設下一段合作期限，但我認為每個人情況都不一樣，所以這樣的做法也未必合適。不過合作時，你倒是可以設下一個時間，定期去檢視整個行動的進展，這樣會較順暢。

讓愛傳出去

接下來幾章，我們會著眼在幫助其他人敞開心扉和尋求支持的方法，畢竟如果只告訴你尋找導師的方法，卻沒敦促你也要試著去當其他人的導師，這就有點不負責任了。

除非是受指導者有提供酬勞，否則就本質而言，大部分的師徒關係都是導師單方面的無私付出。這沒有什麼不好，而且通常受指導者都會默默地將這樣的「大愛」繼續延續下去。就算現在時機未到，但在不久的將來，你一定會有指導其他人的機會。

現在就想想自己能提供些什麼，又有誰可能因此受惠。列出你的經歷、專業和技能，然後問問自己，在你的人際網絡中，有哪些人可能需要這些資源。沒錯，正如我們即將討論的內容那樣，你不一定只能等著其他人開口，你也可以自己創造支持其他人的機會。

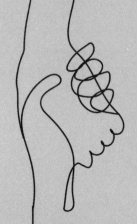

第4部

營造能讓人安心示弱的氛圍

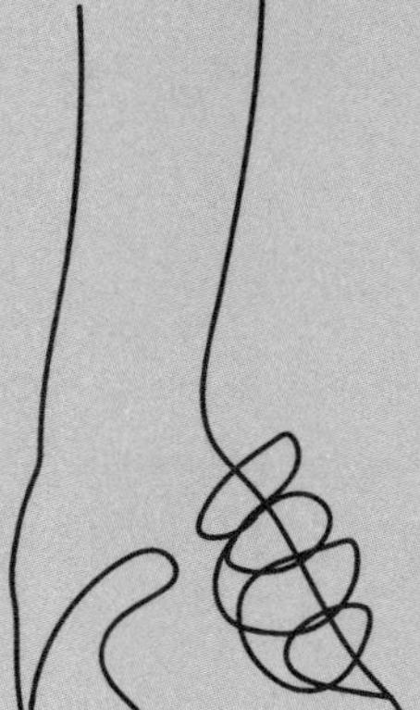

14 身為朋友，你可以……

激勵你更勇於敞開心扉、開口求援，一直是我寫這本書的首要目的。然而，我們都需要在合適的支持網絡和環境下，才有辦法讓別人看見自己脆弱的一面。假如你在一個有毒、沒有支持文化的地方生活和工作，照著我的建議做不但對你沒任何好處，還可能會害你因此受罰。

在第四部，我想跟大家談的就是，在營造讓人安心示弱的氛圍時，身為個人、領導者或組織你可以做些什麼。

如果利昂・麥堅時的球隊經理和教練讓他覺得，示弱不會對他在球隊的地位造成負面的衝擊，一切會有什麼不同？如果照顧堂娜・聖露易絲的大人有支持和鼓勵她，她是不是就不會萌生自殺的念頭？

話雖如此，但假如你有回頭去看看我之前分享的那些故事，就會驚覺，原來還是有很多人願意對需要的人伸出援手。例如，以個人的智慧和坦誠，幫助哈蒂・韋博舒緩焦慮感的李歐納・柯恩和湯姆・佩蒂；以領導者身分，幫助佩吉恩和其他街頭女孩看見另一種可能性的女童軍長；還有透過線上社群這類組織，支持凱莉、克萊爾和其他大尺碼跑者的眾人。

我寫這本書的次要目的，就是要確保你將這樣的「大愛」持續散發出去。我希望你會用尋求其他人支持你的相同態度，去主動關心你身邊的人是否需要幫助和支持。

戰勝恐懼

支持其他人可不是主動邀他們談心就好。我們都很清楚其他人願意傾聽、支持和給我們建議，但想想你自己的心態和經驗，你大概就會明白，為什麼就算有人主動邀你談心，你也不見得願意跟他們傾吐心中的苦悶。你身邊的人也跟你一樣。

支持其他人可不是主動邀他們談心就好。

我們需要創造一個其他人願意談心的空間。要做到這一點，首先我們要理解他們的立場。

第七章我們提到，安迪・阿加桑格盧為了成功推動「金融透明化」這項活動，改變了對開口求援這件事的看法。身為金融界的一份子，安迪認為，金融業的那些弊端都是由恐懼所衍生的。害怕業績不達標，害怕工作和前途不保，或害怕錯失了升遷或分紅的機會等，都是大家鋌而走險的原因。

「恐懼心態很危險，」安迪告訴我，「人在害怕的時候會做出不正確的事情。排斥是一種很強烈的情緒感受。」

「許多人之所以選擇不開口求援，是因為他們曾吃閉門羹或得到失望的結果。我想我們的社會需要營造一個更友善的環境，讓大家明白，每個開口求援的人，很可能都亟需援助。我會這麼說，是因為其他人向我尋求幫助時，我發現自己都會試著從他身上找到一些理由，然後說『這個人大概不是真的想要別人幫忙』。但事實上，只要有人開了口尋求幫助，我們就應該盡可能對他們伸出援手，給予他們需要的幫助。」

我不認為安迪觀察到的現象只適用於金融業界。在這本書的第一部，我們談了很多大家不願開口求援的原因，而這些原因背後，恐懼都占了很大的比重——害怕看起來很笨、很弱、很沒用。

害怕吃閉門羹也需要列入這份清單。我們需要讓其他人知道，他們可以相信我們。一旦對方向我們傾吐心事，我們一定要認真傾聽，充分了解他們的狀態和面對的挑戰。就算我們幫不上忙，此舉也能讓他們有個抒發和被人理解的管道。

一旦對方向我們傾吐心事，我們一定要認真傾聽，充分了解他們的狀態和面對的挑戰。就算我們幫不上忙，此舉也能讓他們有個抒發和被人理解的管道。

我在對話中最常犯的一大錯誤就是：常常會在別人分享自己的某些事情時，也向對方分享類似的個人經驗。好比說，假如他們告訴我，假期時他們在摩洛哥發生了哪些事，我就會告訴他們之前我去那裡發生了哪些事。或者，假如他們跟我談到他們最愛的樂團、電影或美食，我就會提出自己的看法。（而且我非常固執己見！）

不是只有我這樣，這樣的對話模式隨處可見，因為順著彼此熟悉的話題聊天，會讓我們感到自在。就某種程度來說，用這樣的方式閒話家常或許沒有什麼不好。不過萬一某個人不是在跟你閒聊，而是在跟你分享他所面臨的一項重大挑戰，那麼你就應該把對話的焦點放在他身上。如果你也碰過類似的問題且有經驗能幫助他們找到解決方法，或讓他們感到自己並不孤單，那麼你一定要分享給對方。但這並非必要、必然之舉，在這麼做之前，請務必先了解一下對方的狀況。

對方越能感受到你願意聆聽和尊重他們的態度，他們對談心這件事就會感到越自在。理解對方的需求也很關鍵，有些人談心是想要得到一些意見，但也有些人單純只是想要抒發一番。一旦他們克服了與人分享和受人評斷的恐懼，就會更願意敞開心扉，而你也就更有機會為他們的人生帶來巨大的轉變。

語意差異提問法

有時候你會感覺到甚至知道某個人需要幫助和支持，但他們就是沒有開口。這個時候，你該怎樣鼓勵他們說出心裡話呢？

伊凡・米湜內告訴我，如果感受到對方需要幫助，他會用一種特別的談話技巧，把彼此的對話從客套模式，轉換成比較有意義的交流。

「如果你真的想要知道對方怎麼了，你可以運用一種叫『語意差異提問法』的談話技巧突破他們的心房。這種談話技巧就是把同一個問題，用越來越強烈的語意反覆問對方兩到三次。像這樣：

『你最近好嗎？』

『我很好，沒什麼事。』

『是這樣嗎？你一切都好嗎？』

『是呀，一切都好。』

『真的嗎，安迪？我是真的很想知道，你好不好？』」

「我敢發誓，你問到第三次的時候，一定會聽到一個不一樣的答案。」

「這就像是有個人立了一堵牆，但那道牆的材質是保麗龍。它確實能發揮阻擋作用，但實際上，只要他們對你很放心，你很容易就可以穿過那道牆。我發現在這方面女性做得比男性好。我曾在兩個男人之間聽過一段這樣的對話：其中一人說『我剛剛發現我的心臟有問題』，另一人回他『喔，天呀，我很遺憾聽到這個消息。那週末我們要不要去看一下道奇隊的比賽？』他們就這樣把對話導往另一個方向。」

「身為朋友，你不能連這樣的話題都避而不談。」

陪伴是支持對方的根基

在第九章，我向你介紹了凱莉，探討她在失去雙胞胎女兒後，生活受到了哪些影響，以及她怎樣解決這些狀況。但我沒告訴你的是，事發當時我人就在凱莉身邊。

那天風和日麗。我們在陽光普照的海德公園，一邊享用冰淇淋，一邊聽著「凱西與陽光樂隊」（KC and the Sunshine Band）的〈搖擺你的身體〉（Shake Your Booty）和〈這就是我喜歡的樣子〉（That's the Way I Like It）等經典歌曲。

在我眼中，凱莉已經好久沒看起來這麼快樂和放鬆了。李和凱莉已經為求子努力了好幾年。歷經幾年前的流產後，她和李又去做了第三回的試管嬰兒。這次的狀況良好，凱莉已經懷孕四個月，肚子裡有對雙胞胎。

吃完冰淇淋後，凱莉說要去洗手間，便逕自朝主舞台後方的廁所走去。然而，就在她消失在我的視線過了大約十五分鐘的時候，我的電話響了。是凱莉打來的，她用驚慌的聲音飛快對我說，「你快點過來，寶寶要出來了。」

於是我們接下來的午後時光，一直到當天深夜的一大段時間，全都是在聖約翰的醫療帳和救護車的後車廂度過。經過一番折騰，凱莉終於入院進行緊急處理。到院之前，她就產出了一個胎兒，後來第二個寶寶也沒能保住。李是一名婚禮攝影師，當時他正在工作。我們很晚才告訴他這個消息，所以這段期間他都沒有陪在凱莉身邊。

在李趕到醫院之前，我守在凱莉的床邊，握著她的手，對眼前的情況束手無策。我不曉得該做些什麼，也不曉得該說些什麼。我想沒有任何話語足以撫慰她。就算有，當下我腦中也想不起那些有神奇魔力的話語。這大概是我記憶中最痛苦的一天，我從來沒有這麼深刻地體會到自己無力改變一切。我想要改變事情的發展，我想讓凱莉放心，我想讓這個傷痛遠離我們，但我知道這些我全都做不到。我覺得自己一無是處。

幾年後我和凱莉聊天時，她告訴我，當時我光是陪在她身邊，就給了她很大的幫助。但事實上，我很肯定，當時的我根本沒想到自己不必說任何話，也能幫助到她。

那時我一直誤以為自己應該做些什麼才能幫到她。我一直想要找到一個方法，為這件事製造一點轉機。但我沒有任何立場這樣做。我不能讓情況變得比較好，也不能改變已經發生的事情，我唯一能做的就是守在她的旁邊。但有的時候，這就是你唯一要做的事。你不一定要提出什麼能翻轉局面的對策，給對方一個坦然面對脆弱的空間，也能帶給他們很大的力量。

我不能讓情況變得比較好，也不能改變已經發生的事情，我唯一能做的就是守在她的旁邊。但有的時候，這就是你唯一要做的事。

沒錯，有的時候你或許就只需要這樣做；有時，你則可以將比你更能幫得上忙的人介紹給他們。

但不管怎樣，這一切都要從你陪在他們身邊，讓他們對你感到放心做起。

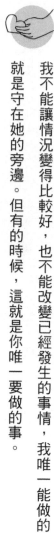

15 身為領導者，你可以……

羅尼・卡瓦那（Ronnie Cavanagh）的妻子搬出了他們共同的家，離開了他的人生；結束這段超過二十年的關係令他驚慌失措，他不曉得往後的日子該怎麼過下去。接下來的一週，他都默不作聲地埋首工作，但大家還是注意到了他的異狀。比較親近的同事主動關心他時，他說，他老婆離開他了，可是他不太想談這件事。

菲爾・瓊斯（Phil Jones）是羅尼任職公司的執行長，當時他有一些事情要交代給羅尼去做。但羅尼告訴他，因為家裡的事情，他覺得自己狀態不太好，不能勝任他交辦的事情。於是，菲爾建議羅尼來他的辦公室，跟他好好聊一聊。

「我們在他的辦公室裡促膝長談，我把一切都告訴了他。」羅尼說。「菲爾是那種絕對不可能在這方面給我任何幫助的人。但神奇的是，我發現他很認真地聽我說話，我以前從來都沒有跟他說過這方面的事情。」

菲爾是讓羅尼說出心裡話的第一人。這件事羅尼沒跟任何家人說過，就連他媽媽都完全不知情。菲爾就只是坐在那裡傾聽，讓羅尼把心中的話全都說出來。即便菲爾是整間公司的執行長，但羅尼發現和他說話很輕鬆。

「當時我完全不想跟任何人說話，但在那一週裡，我在他的辦公室，把我所有的事情都告訴了他。我知道他是我的上司，但他也是一位很優秀的領導者，還是個很棒的人。菲爾總是充滿好奇心，總是勇於發問。」

受封過英國勳章的菲爾・瓊斯，已經在國際企業兄弟（Brother）的英國分部工作超過二十五年，他在二〇一三年成為總經理，羅尼的太太差不多就是在那個時候離開他。菲爾是商業領導者的最佳典範，能力強大且目標明確，但他同時也鼓勵大家展現脆弱。其實，我會與羅尼對談，就是菲爾居中牽線。當時我為了這本書訪談菲爾，訪談時，他建議我可以跟羅尼談談。

菲爾告訴我，他接下了這個位處公司頂端的職位後，就把創造健全的企業文化列為他的首要任務之一。「那一刻，我想要做的就是把一切去蕪存菁，將那些不重要的東西都剔除掉。我想要建立一套輕快的企業文化，從根本來說，就是營造一種開心的氛圍。」

「開心我們都能來上班，開心我們熱愛自己的工作，其實當人真的很快樂。但在此同時，這樣的內部文化依然要保有良好的執行能力，才能讓公司不被快速變動的市場環境淘汰，所以我們需要一項一項去調整。」

「我們的企業文化有一個重要的元素是『挺你』，這跟我們公司的品牌精神一致，因為『兄弟挺你』（Brother at Your Side）就是我們在全球高呼的行銷口號。只有在彼此相挺的時候，這句話才有意義。沒錯，對外，這意味著我們要挺我們的客戶，但對內，這也意味著，你要怎麼關心我？我要怎麼照顧你？

「多年前我就意識到，帶人除了講求精益求精，你還要允許他們做自己。身為一個領導者，你自己就是一個活招牌——你對外展現出什麼樣的特質，就代表你想要提倡什麼樣的東西。例如你想要鼓勵大家多關懷彼此，那麼你就要先以身作則。」

多年前我就意識到，帶人除了講求精益求精，你還要允許他們做自己。

菲爾對羅尼的支持，彰顯了關懷的力量，而這也讓大家看見了他想在英國兄弟營造的關懷文化。顯然在他們這一連串的交流中，菲爾得到的收穫並不亞於羅尼。

「我想我們在那兩、三次的談話中，大概聊了快五個小時。聽到他說那些談話為他帶來了多大的力量，我才發現，原來正確的話語能產生這麼大的影響力。如果大家都明白這一點，相信自己有幫助其他人的能力，那就太棒了！這就是打造理想職場環境的根本。」

做個有血、有肉、有溫度的人

在營造一個樂於分享的職場氛圍時，領導者必須先以身作則，適時展露自己脆弱的一面，並鼓勵其他人也這樣做。一旦有了這些共識，碰到挑戰的時候——不管這個挑戰有多大——大家在處理和溝通上就會變得容易許多。

> 在營造一個樂於分享的職場氛圍時，領導者必須先以身作則，適時展露自己脆弱的一面，並鼓勵其他人也這樣做。

菲爾・迦納（Phil Gardner）在知名旅行社 Thomas Cook 工作三年後，於二〇一八年十月，接任電子商務業務經理一職，成了該公司的核心成員。從那一天起，菲爾就小心翼翼地拿捏自己與團隊和同事相處的分寸，以確保自己不會給人一種高高在上的感覺。

「我最早開始做的一件事，就是坦白告訴大家，我並非無所不知。」他告訴我。「『我不知道』不是大家想聽到的答案，但很多時候，這就是最能表達你自身狀態的一句話。」

菲爾說，他一輩子都忘不了二〇一九年九月二十三日那天發生的事情，那是他人生中最糟的一天。然而，那一天的事情，卻也讓菲爾深刻感受到，他和他的團隊建立了多麼深厚的情誼和信任。

當時旅行社面臨重大的財務危機，歷經數週的努力後，仍難逃清算資產的命運。那天早上，菲爾在清算員的陪同下，一一唸出了他團隊中被資遣的二〇一位職員姓名，其中還有一百九十五位職員拿不到任何遣散費。事實上，他們就連那個月已經上了三週班的工資都拿不到。

菲爾告訴我，「在這樣的災難時刻，我覺得用真誠、開放的態度面對每一位同仁，是我少數能採取的一些行動。我記得很清楚，在我不得不一一點名被資遣職員的姓名之前，大概有三十分鐘的空檔。」

「在那段時間裡，我四處奔走，盡可能多和一些人當面對話，告知他們今天將會是很難熬、很殘忍的一天。那一刻，我發現自己之所以會堅持這麼做，是因為我很想貫徹我一直以來的信念——真誠待人。我認為，在事情就這麼橫在你面前的時候，這是你唯一能做的事。」

就是在那個時候，菲爾感受到了他過去與同仁建立的情誼，還有他在部門中提倡的開放態度有多麼重要。

「我發現，雖然從情感面來說，要傳達這些消息並不容易，但我知道，他們其實都能理解我的感受。因為我們在同一個部門共事了一段時間，他們都知道我的行事作風始終如一。」

儘管當天的大裁員事件讓許多人受到傷害，但菲爾受到的責難卻出乎意料的少。「我在大家還有心力表達意見的時候，努力製造機會讓他們大聲說出心裡話。那個時候也有很多人對我說了非常暖心的話。」

我在大家還有心力表達意見的時候，努力製造機會讓他們大聲說出心裡話。

對菲爾來說，這段經歷給了他很大的力量，也多虧這股力量，他才有辦法保持堅強，讓那些依舊在他部門做事的職員安心工作。不過最終，這層面具還是瓦解了。

「當時我認為，我一定要冷靜。就我當下的印象，那時候整間公司至少有一半的人都在哭。有些是對茫茫前途悲從中來，有些則是為下個月的貸款還款發愁，因為他們失去了收入。」

「我用盡全力保持沉著，也成功讓自己沒在部門裡做出什麼失態的舉動。但就在我下樓去員工餐廳喝杯咖啡時，我的這份鎮定，卻在某個意外的瞬間被徹底擊潰。在那裡，我碰到我團隊裡的一個晚輩，她先是跟我說了一些她在這個部門和產業體會到的一些美好事物，然後她問我，『你還好嗎？』」

「那句話觸動了我心中的某個角落。我知道我應該回她『我很好』，但我就是說不出口。那一瞬間我的面具瓦解了，我匆匆向她表示歉意，就借故轉身離開。我去了廁所，走進一間隔間，然後就在鎖上廁所門的那一刻，我的眼淚也跟著不受控制地流了出來。在此之前，我恐怕已經十幾年沒那樣大哭過。」

「我想在這樣的時刻，讓自己做個有血、有肉、有溫度的人，大概會是你能做到的事情當中最重要的一項。」

英雄也是凡人

並非每一個高階領導人都有菲爾這樣的自覺。許多人還是會覺得自己必須塑造傳統的強人形象，肩負起引導下屬的全部責任，表現得無所不知，且不能讓任何人看見自己的弱點或疑慮。安德魯・布萊恩（Andrew Bryant）有近二十年的高管教練資歷，幫助過許多高階領導人，但他常常發現，他們真正的問題，多半都不是他們一開始告訴他的那些挑戰，而是另有原因。

安德魯告訴我，「有些人會承認自己需要一個教練，但有時候這些教練是公司指派給他們的，不是他們自己找的。一開始，他們跟教練提到的往往都是一些業務上的挑戰，像是『我需要更有主管的風範』、『我想要更有自信』，或『我想要更上一層樓』。但當我們深入去探討這些問題時，就會發現，他們對自己的許多成就其實都潛藏著些許不安；而他們之所以能夠突然說出這背後的原因，是因為他們把教練視為值得信賴的知己。我在職涯中看過不少人，雖然已是別人眼中的超級成功人士，但他們的內心卻依舊感到很煎熬。」

有間瑞士銀行為了拓展新加坡的青少年業務，辦了一個導師計畫，委請安德魯擔任所有導師的總教練。該計畫的導師都是自願參與的高階主管，從他們一開始與這些青少年的相處模式，多半就可以看出他們平常的領導風格。

「我指導這些導師與孩子相處的技巧，告訴他們，要和孩子打成一片，他們必須先讓孩子對他們敞開心扉。但他們對此毫無頭緒。我給他們的建議是，讓孩子看見他們脆弱的一面。」

「我發現最好的方法就是真誠地告訴孩子，『你知道嗎？我也曾經因為這些問題苦惱過，但我發現這樣做對我很有幫助。』而不是告訴他們，『這樣做對你很有幫助。』你必須讓對方知道你並不完美，你也曾為此掙扎過，才一步步走到了隧道的盡頭，看見了光明的世界。我們在幫助別人的時候，一定要保有謙卑的態度，因為我認為，我們在幫助別人的同時，往往也是在幫助自己。」

我們在幫助別人的時候，一定要保有謙卑的態度，因為我認為，我們在幫助別人的同時，往往也是在幫助自己。

「任何優越感都會阻礙雙方的交流。這些孩子之所以願意對我說出心裡話，是因為我不會批判他們，而這也是我要那些導師做到的重點。」

團隊當然會期望他們的領導者能帶領大家一起往某個方向前進，但領導者不一定就只能單憑一己之力做出重大決定。優秀的領導者會願意承認自己不曉得怎樣做才合適，但他們會採取行動，一步步找出答案。與團隊共同找出答案也是那些行動的一部分。當然，在時機成熟之際，你勢必會期望你的領導者做出最後的決定，但這不表示，在此之前他們不能先徵詢眾人的想法。

失敗的力量

二〇一九年一月，哈佛商學院發表了一篇觀點新穎的研究報告，探討「成功人士如何因坦承失敗而受惠」[11]。該研究團隊做了三項線上實驗，然後辦了一個銷售簡報的活動，藉此在這些企業家身上驗證他們的理論，

該研究的假設是，會將自己的成功和失敗經驗都說出來的人，比較能贏得其他人的好感。每個人做完簡報後，受試者都會用分數表達自己對簡報者的感受。研究團隊發現，跟只分享成功經驗的人相比，同時分享了成功和失敗經驗的人比較不會招來其他人的「惡性

嫉妒」（malicious envy，即見不得別人好，想讓對方失敗）。

為了明白揭露自身的失敗經驗是如何改變其他人對你的觀感，我採訪了該研究的主持人艾莉森・伍德・布魯克斯（Alison Wood Brooks）教授，以及她的博士指導教授妮可・阿比埃斯伯（Nicole Abi-Esber）。她們告訴我，「我們的前導研究顯示，大家在面臨失敗的當下，通常都不會讓其他人知道，事後他們也很少會與人談到這方面的經驗。不過要是我們能克服這種不願透露失敗的心結，就能由此得到意想不到的好處。」

「這麼做可以降低我們對彼此的『惡性嫉妒』，同時提升所謂的『良性嫉妒』（benign envy），即：尊重和欽佩其他人。此舉也可以鼓勵其他人成為更好的人。我們發現，研究中的某些證據暗示，分享失敗經驗會使當事人更發自內心地對自身的成功感到自豪和自信，也會讓人覺得他們比較不自負。因此，雖然分享失敗經驗會令人感到不太自在，但它對人際關係真的大有幫助。」

分享失敗經驗會使當事人更發自內心地對自身的成功感到自豪和自信，也會讓人覺得他們比較不自負。

布魯克斯教授和她的同事發現，分享失敗經驗對管理人和領導人的幫助特別大，而且「你的職位越高，這個舉動可能就會對你發揮越大的影響力。」

他們告訴我，「對高階和中階職位的人而言，分享失敗經驗可以降低他人對他們的惡性嫉妒，更重要的是，這樣的舉動『不會』減損他們在其他人心目中的地位。我們會比較不嫉妒他們，不是因為我們覺得他們的地位變低了，比較不值得。具體來說，我們會比較不去嫉妒，是因為他們分享了自己的失敗經驗。」

「我們猜想，這套策略對地位低下者比較沒影響，因為一開始他們就不會招人嫉妒。」

「由於分享成功是我們的天性，但失敗也有其價值，所以我們才會建議大家，可以把分享成功和失敗這兩件事結合在一起。例如：開業績會議時，說自己拉到大客戶的人，可以誠實告訴大家，在達到此成就之前，曾經有多少客戶都不理他和拒絕他。或是，作家簽成新書合約時，可以順帶提一下，過去他可能被哪些出版商退過稿。」

「領導者採取這套策略時，激勵人心的效果特別好，因為他們的成就大家有目共睹，但他們為這些成就付出的努力、克服的困難卻是旁人難以察覺的。唯有他們願意分享自己的這一面，他們的下屬才有機會看見。」

領導者要在哪裡找到合適的支持？

儘管現在大環境一直在改變，整個社會越來越能接受示弱這件事，但這不表示，新一代的領導者都應該不顧分際，把內心的不知所措一股腦地告訴每一個人！

不論是要向教練、導師，還是身邊值得信賴的人際網絡尋求支持，領導者都必須將示弱這個舉動的分寸拿捏好。畢竟，身為部屬的人，還是會希望他們的領導者能為他們指路。領導者當然可以跟他們的團隊討論問題和挑戰，但最終他們還是要對部屬展露自信，讓底下的人知道，他們知道自己正在做些什麼。

這個時候，能有個值得信賴，又理解你狀況的人就很重要了。就像優秀的運動明星，通常不會在功成名就後就把他們的教練一腳踢開，單獨行動一樣；就算你本身已具備一定的能力，但擁有可靠的外援，還是能讓你的成就更上一層樓。我發現，我在指導客戶的時候，之所以能給予他們有用的意見，是因為我跟他們在不同的行業、產業或部門。我能跳脫他們產業的框架，提出不同的見解。

伊凡・米湜內告訴我，「請跳脫『團體迷思』（Group Think）的窠臼。『團體迷思』這個概念是源自美國的豬玀灣（Bay of Pigs）事件，在此事件發生前，甘迺迪總統詢問了其行政團隊的意見，但在場只有一位有外交經驗的幕僚發言。當下其他人對他的意見都沒有異議，但後來他們說，『我覺得那個方法很蠢，但我認為我不是那方面的專家。』」

「所以在那之後的不到一年，甘迺迪總統在處理古巴飛彈危機時，一走進會議室，便要求在場的每一個人都必須發表意見，不管他們覺得自己是不是這方面的專家。他說，『沒給我意見的人都不許離開會議室，而且離開這間會議室的人，一定都要對我知無不言，言無不盡。』」

離開這間會議室的人，一定都要對我知無不言，言無不盡。

16

身為組織成員，你可以……

二〇〇八年一月二十五日的晚上，傑夫・麥克唐納（Geoff McDonald）突然從睡夢中驚醒，被強烈的恐慌感籠罩。在妻子的勸說下，他去看了醫生，並被診斷出患有焦慮症。

傑夫已擔任國際企業聯合利華（Unilever）的高階主管逾十年，常常必須到各國出差，而這些年累積的驚人飛行里程數，似乎也讓他的身體忍不住發出了抗議。

知道自己有這個問題後，傑夫便開始重視心理健康這個議題，並投注了大量的時間和力氣，推廣職場心理健康的觀念。他告訴我，憂鬱症和焦慮症主要和三大因素有關，分別是基因、兒時創傷和成年經歷。

傑夫進一步向我解釋，「一旦這三方面給予你越大的壓力，你的心理健康就越有可能在某個時間點出狀況。經濟狀況的影響力更是舉足輕重。我覺得，我當時會發作，經濟問題難辭其咎。」

「我一直在世界各地出差，也一直睡不太好，因為我幾乎都在飛來飛去。為了彌補出差對作息的影響，每次出完差，我都會做大量的運動，並格外注意飲食，但我就是不會撥一些時間給自己好好休息一番。也就是說，那時候的我就像個停不下來的陀螺，總是轉個不停。」

企業責任

頻繁出差可不是高階主管要面對的唯一壓力源。尼克・詹森（Nick Jonsson）是跨國商業領導人社群EGN的新加坡區總經理，他在寫一本探討高階主管孤獨感的書時，就曾針對他負責的會員做過這方面的研究。儘管他取樣的人數不多，但尼克發現，有30％的高階主管都受過憂鬱症的折磨，其中更有82％的主管覺得，自己很難向公司反映工作上的壓力和憂鬱症之類的問題。

尼克告訴我，「那82％的人之所以覺得很難和自己的公司反映這方面的問題，是因為他們的上司通常跟他們身處不同的國家。在整個團隊四散亞洲各國的情況下，他們根本沒機會跟那些可以啟發和激勵他們的人好好談論這些話題。」

「另外，跨國企業的人資團隊也常與工作人員身處於不同的國家。即便有 Skype 之類的通訊軟體能幫助身處異地的眾人溝通，但這類話題其實很難在通訊軟體上啟齒。要說什麼時機最能讓人安心談論這個話題，大概就屬大家在午休一起吃飯，或下班相約小酌的時候，但對一個被外派到新加坡當區域經理的人來說，你不可能會有這樣的機會。」

這就是雇主要處理的其中一項問題，尤其是那些跨國企業的經營者：組織中的領導者雖承受了比較大的績效壓力，但卻沒有抒發這股壓力的機會。

組織中的領導者雖承受了比較大的績效壓力，但卻沒有抒發這股壓力的機會。

傑夫此刻在推廣職場心理健康的一大重點，就是要雇主意識到照顧員工心理健康的重要性，並為員工創造一個合適的工作環境，讓他們覺得自己受到支持和傾聽。我問他，他剛進聯合利華的時候，整個企業在這方面的文化如何。顯然就跟許多公司一樣，當時的聯合利華也沒有重視這個議題，整個企業文化的氛圍既不利員工及早提出職場上碰到的問題，也無法協助員工解決任何困擾。

「我認為當初公司完全沒意識到，大家需要一點時間去放緩腳步，處理這方面的問題。」傑夫告訴我。「回顧二〇〇八年，那個時候聯合利華剛完成歷時四年的企業重組，正處在一個極度高壓的狀態。在當時的時空背景下，公司有龐大的績效壓力，大概也沒有多餘的心力去顧及員工心理健康這一塊。」

從傑夫首次被恐慌感籠罩，並被確診為焦慮症患者後，已經過了十多年。這段期間，隨著心理健康的議題越來越受到大眾關注，你也會希望整個大環境有所改變。我跟許多在大型組織工作的人談過，他們都表示，現在他們公司都相當重視員工心理健康，也會針對這部分給予員工具體的支持，例如提供員工心理諮商服務，讓員工可在談話內容全程保密的條件下，安心傾訴和尋求意見。

雖然傑夫對這方面的進步表示肯定，但他認為，在這方面企業仍有很多努力的空間。「現在雙方能有溝通的管道是件好事。領導者開始意識到，不健康的心理狀態會對職員的投入程度和生產力造成很大的衝擊。我們也開始看見，有些領導者會藉由分享自己的故事來拋磚引玉，讓職員願意說出自己的狀況。」

「我注意到，四年前我跟企業領導者談到心理健康這個議題時，他們會問我，為什麼我們要關心這一塊。不過現在他們不會那樣問，而是會問，『我們應該為此做些什麼？又該怎麼避免這種情況發生？』」

「但就我來看，這些舉措還是相當被動。我們都是等到某個人撐不住的時候，才給予他們滿滿的愛與關懷。與其這樣，我們何不早一點讓他們感受到這些愛和關懷，這樣那些心理疾病不就沒有機會纏上他們？」

我們都是等到某個人撐不住的時候，才給予他們滿滿的愛與關懷。與其這樣，我們何不早一點讓他們感受到這些愛和關懷，這樣那些心理疾病不就沒有機會纏上他們？

傑夫看到的，是整個大環境已朝正確的方向改變，但要達到他理想中的境界——組織主動關心職員——恐怕還有一大段路要走。幾個月之前，我和一個某知名公司的高階主管聊天，期間他跟我抱怨公司的福利政策太好，還有現在的年輕人有多「草莓」，他說，「他們就只需要晚上好好睡個覺。」

由此可知，在大環境的推動下，儘管現在有許多產業都為員工建立了有別於以往的工作環境，例如提供合適的休息時間，或訂定一些限制工時的政策，但大部分的組織都只是為了不觸犯勞基法之類的規範，並非人人都真心認同這份新興的企業文化。

傑夫告訴我，「我想要高階領導者看清一項事實，那就是當代的環境確實會令人在心理上格外不安。假如我們願意在這方面投入資源，幫助大家保有或注入安心的感覺，他們就能在職場上發揮最大的潛力。」

「另外，我不認為高階領導者有充分認識到，健康、能量和表現，這三者之間的關聯性。我甚至可以說他們對此毫無概念，因為每次我們用健康週的形式推動促進員工健康的活動時，都只會看到員工餐廳的收銀機旁多放了一些香蕉，或是會議室裡不再以甜食當茶點。」

「反觀我們在推動一個新的績效管理制度時，就會擬定一份很龐大的改革計畫。這份計畫會對公司的財政和人資造成一定的變動，還會更動到組織裡的一些行政流程和作業系統，需要歷時極長的時間。但在改善員工身心福利這方面，我們卻只給了一週的時間。」

在改善員工身心福利這方面，我們卻只給了一週的時間。

香港寬頻的經營之道

在員工福利這一塊，香港寬頻（HKBN）給了我十分深刻的印象，因為它對旗下的員工非常照顧。這家公司是企業家里奇・翁（Ricky Wong）於一九九二年創立，當時它的名字還不叫香港寬頻，叫City Telecom。爾後這間電信供應商不只業務迅速擴張，也很快發展出一套「唯領導者是從」的企業文化，所有的員工都必須全權聽從領導者的想法和指示做事。

一直到二〇一二年，該公司被其他組織收購部分所有權後，這樣的文化才有所轉變。過去那些只需按照從里奇・翁指示，去一一落實各項目標的主管，現在都必須有自己的想法，一起帶領公司朝更好的前景走去。

推動這項變革的主力，是當時共同持有香港寬頻所有權的ＣＹ・陳（CY Chan），他同時是人才投入和企業社會責任投資組織（Talent Engagement and Corporate Social Investment）的領頭羊。他告訴我，「我們需要用新的方式領導這個公司。我們不能再靠執行長獨撐大局，我們需要底下的每個主管都具有思考、討論公司未來，和發揮團隊最大力量的能力，以確保公司能以最佳的狀態運作。我們必須拋開『唯領導者是從』的思維，讓大家明白，只要有新的想法，人人都有機會成為領導者。」

「二〇一二年末，我們和公司的管理團隊開了一個會，並決定用『讓香港成為一個更宜居的地方』當作我們未來的核心目標。這個決定對公司的整體定位有很大的影響，因為今天我們不再是一間只顧盈利的企業。除了盈利，我們還想幫助香港的民眾。」

「為了滿足這樣的經營理念，我們發揮了同舟共濟的精神，一起討論出我們需要以怎樣的領導力為重。最後我們決定著重在兩件事情上。一是賦權（empowerment），二是思維的突破性（leading disruption）。所以，我們在評估香港寬頻主管的領導力時，會著重在這兩件事情上。賦權意味著你把事情委派給下面的人，但在此同時，你不會只讓你的團隊照著你的意思做，而是會給整個團隊發揮的空間。」

「你需要確認這個目標是由你的團隊共同達成，而不是你一個人主導全局。『一個口令，一個動作』的微觀管理（micromanagement）方式已經被我們淘汰了。能讓團隊中的每一個成員都發光發熱，才是我們心目中的理想領導者。也就是說，你能為公司開發越多人才，你就是位越優秀的領導者。這就是我們對賦權的定義。」

> **能讓團隊中的每一個成員都發光發熱，才是我們心目中的理想領導者。也就是說，你能為公司開發越多人才，你就是位越優秀的領導者。**

「第二個是思維的突破性。賦權能讓我們評估領導者管理人的能力，思維的突破性則能讓我們評估領導者創造商業價值的力量。我們會看領導者能用什麼樣的新思維，打破團隊、部門、公司，甚至是市場的現有運作方式，帶領大家朝更好的方向邁進。」

創造新的企業文化

這套新的經營之道改變了在職場上常見的幫助和支持方向。在香港寬頻裡，不只團隊的成員可以向他們的主管尋求幫助，主管也可以向他們的隊員尋求支持。在中國文化中，這樣的轉變非常有違傳統。

「我認為我們改變的重點在於眾人彼此的溝通方式，以及固有的期待。在中國文化中，向團隊成員、後輩或其他部門尋求幫助是很不尋常的行為，因為這看起來很沒面子、很沒能力。但我們為這間公司建立了一個『不恥下問』的文化，在這裡，不論你跟誰尋求幫助都是一件再正常不過的事。你必須與其他團隊緊密合作，以確保大家能一起達成目標。」

「我們不認為從未犯過錯的領導者就是個好領導者，因為這只意味著你從未做出任何嘗試。我們也想要知道你犯過哪種錯，並從中學到了多少教訓。」

我們不認為從未犯過錯的領導者就是個好領導者，因為這只意味著你從未做出任何嘗試。

「我們會這樣評判是因為身為一個好的領導者，你應該會有很多新的想法，但這些新的想法不可能永遠都是對的。」

尋求幫助或承認錯誤已經成為這間公司的文化。香港寬頻創造新企業文化的關鍵是：

他們鼓勵合作夥伴和團隊成員有創新的思維、勇於嘗試新的事物，還有從錯誤中學習。領導者不必是無所不知的萬事通，但他們應該要能營造一個氛圍，讓整個團隊勇往直前、閃閃發光。

共同所有權

我常常談到，在公司內部，相較於合作，我更常看到競爭。雇主在審視團隊和個人的績效時，總是會以有無達成目標作為主要考核依據，但這樣的評判方式很可能會在無形之中傷害到企業文化。

除了目標達成率，雇主在評判績效時，還應該確認每一個人有無為整體組織的成功全力以赴，而非只是自掃門前雪。單憑團隊或個人的目標達成率作為考核標準，很容易造成團隊和部門之間的對立，使彼此互不交流、各自為政。香港寬頻的經營之道就打破了這種企業常見的弊病，為員工建立了一種提倡互助的職場文化。

單憑團隊或個人的目標達成率作為考核標準，很容易造成團隊和部門之間的對立，讓彼此互不交流、各自為政。

完成收購後，ＣＹ先生邀請了一百位高階主管入股公司，成為公司的共同所有人。其中有九十人接受了這個提案。ＣＹ先生認為香港寬頻的營運之所以能如此透明，員工之間又這麼願意開口尋求幫助，這樣的共同持有結構功不可沒。

「過去公司的管理團隊只有最頂層的六個人，但現在，我們的數百位共同所有人都是管理團隊的一員，這些成員也包括我們在二〇一五年ＩＰＯ（Initial Public Offering，首次公開募股）後，陸續加入的共同所有人。所有的業務情報，我們都會在這個團隊裡分享。之後這些情報又會持續往下傳遞，因為身為共同所有人，確保公司能成功發展是我們的使命，而要達成這個目標，我們就必須確保每一個人都知道公司的營運方向。也因此，我們的營運資訊比以往都要透明許多，上自管理階層，下至團隊的每一個成員都十分清楚公司的狀況。」

「我們想要每一個人都在狀況內，好讓眾人能齊心協力達成目標。我想這就是為什麼在這段過程中，我們會對彼此變得更加坦率的核心原因。」

要獲得這套方法的好處，組織不一定非要採取這種共同持有的經營模式。如果從團隊目標下手，並充分理解每一個部門對整個組織成功運作的貢獻，也能得到類似的成效。雖然公司內部難免會有競爭的情況發生，但我認為，比起競爭，我們更應該讓合作成為職場的常態；要做到這一點，組織就應該在考核標準上多花一點心思。

一旦組織能做到這一點，大家在需要幫助的時候就會更願意開口求援，因為他們會知道大家都是為了共同的目標努力，身邊的同事也都願意全力支持彼此。不過，這可不表示，組織就不能針對個人的成就給予鼓勵和獎賞，接下來我們要討論的就是這一個議題。

17 有好的成員才有好的團隊

唯有在成員願意坦誠和示弱的情況下，團隊才能成功茁壯。正如我們在上一章討論的那樣，「唯領導者是從」和「人人都有發言權」的團隊精神，會對團隊造成很不一樣的結果；前者可能會埋沒團隊優秀成員的潛能，讓他們落入只掃門前雪的工作模式，無法幫助團隊獲得最大的成就。

克萊夫・伍德沃德（Clive Woodward）爵士在商界和體育界都有很大的成就。他曾以帶領英格蘭橄欖球代表隊（England rugby team）贏得世界盃聞名，之後又以南安普敦足球俱樂部總監（Director of Football for Southampton FC）和英國奧林匹克協會體育總監的身分，持續在體育界耕耘。在商業方面，他也有不俗的成績，不只創建並售出一間成功的電腦租賃公司，現在經營的科技顧問公司也做得有聲有色。

克萊夫爵士告訴我，「體育是一門事業，但有時候我認為，這門事業太過於強調團隊合作。如果要我說經營一個團隊的最大祕訣是什麼，我覺得先讓每一個人對自己正在做的事情都發自內心地樂在其中、願意努力提升自己，才是最重要的關鍵。假如你能讓每一個人都願意努力提升自己，又能在旁邊輔助他們，那麼團隊這件事就會變得非常簡單。」

假如你能讓每一個人都願意努力提升自己，又能在旁邊輔助他們，那麼團隊這件事就會變得非常簡單。

伍德沃德告訴我，他在帶球隊時，會把「夥伴制度」（buddy system）帶入團隊中，讓球員兩兩配對相互扶持，以確保他們在需要的時候都能得到對方的支持。同時，這樣的制度也是讓大家能安心傾吐心聲的基礎。

「夥伴制度對你的表現有很大的影響。有些事你不見得會想跟我或你的老闆討論，但你或許會想跟職務和你差不多的同儕討論，尤其是在你也很信賴那個人的情況下。然後你們就會共同討論出一個結論。」

「我喜歡我帶的球員或運動員很信賴我，但對我來說，為他們在團隊中建立一套支持系統同樣很重要，因為這樣隊員才會知道，不只是我，那些與他們一起上場比賽的隊友也能給予彼此支援。」

不是只有黃金才能閃閃發光

二〇一八年的世界盃足球賽，英格蘭隊出乎眾人意料的一雪前恥，挺進四強賽。更令人意外的是，這次的英格蘭隊沒有任何明星球員，這和它先前星光熠熠的球員陣容形成強烈對比。過去的英格蘭隊都是由被稱為「黃金一代」（Golden Generation）的世界級足球選手組成，像是大衛・貝克漢（David Beckham）、法蘭克・蘭帕德（Frank Lampard）、約翰・泰利（John Terry）和史蒂芬・傑拉德（Steven Gerrard）等，但他們除了吸引大批的贊助商外，並沒有為英國取得任何令人驚豔的戰績。

這兩支隊伍的戰績會有如此大的差異，球員之間的坦誠程度或許占了很大一部分原因。黃金一代主要成員之一的中後衛足球選手里奧・費迪南德（Rio Ferdinand）就曾告訴《泰晤士報》（*The Times*），大家心目中的夢幻陣容絕對不可能打出好成績，因為團隊之間缺乏信任[12]。

「它讓一切失去了意義，不但毀了英格蘭隊，也扼殺了那一代選手的實力。我們隸屬不同的球隊，在每年的英格蘭足球聯賽上，我們都是敵人，為了所屬的隊伍拚命爭奪冠軍。世界盃期間，我從來沒有走進英格蘭代表隊的更衣室，跟其他隊伍的球員好好聊過，像是切爾西隊的法蘭克・蘭帕德、艾許利・柯爾（Ashley Cole）、約翰・泰利和喬・柯爾（Joe Cole），以及利物浦隊的史蒂芬・傑拉德和杰米・卡拉格（Jamie Carragher）。」

「我之所以無法敞開心扉跟他們聊，是因為我擔心他們會把我說的某些事情當作情報，在世界盃結束後，把它告訴他們的所屬球隊，藉此打擊我們球隊的戰力。我完全不想跟他們深交。我的心思全都放在自己的球隊上，我只想為曼聯隊贏得勝利，其他的我根本不在乎。」

相對地，二〇一八年的球隊氛圍，就相當鼓勵球員互相對話和分享。二〇一八年十一月，英格蘭足球總會（The Football Association）的「人員暨團隊發展部」（Head of People and Team Development）聘任了運動心理學家皮帕・葛蘭琪（Pippa Grange）博士，請她幫忙降低球員之間的隔閡感。

根據報導指出，葛蘭琪針對這個問題為球員安排了一連串的活動，例如讓球員以小組的形式坐在一起，互相分享自己的人生經歷和焦慮；還有讓球員揭露內心的真實想法，像是對自身角色的定位，以及為了什麼而努力等。足球總會的總教練蓋瑞斯・索斯蓋特（Gareth Southgate）說：「球隊的關鍵在於建立信任，球員對彼此越了解，他們的關係就會越緊密。[13]」

葛蘭琪針對這個問題為球員安排了一連串的活動，例如讓球員以小組的形式坐在一起，互相分享自己的人生經歷和焦慮；還有讓球員揭露內心的真實想法，像是對自身角色的定位，以及為了什麼而努力等。

克萊夫・伍德沃德爵士表示，「就跟體育界裡的所有事情一樣，破除球員隔閡的方法並沒有什麼標準答案。不過相較於足球隊那兩套風格迥異的方法，我當初採取的做法大概是處於兩者之間。英格蘭橄欖球代表隊的情況其實就跟足球代表隊差不多，只不過你成功帶領了他們打進冠軍賽，拿下了世界盃，所以大家就以為這一切都是理所當然，沒有想到這一切絕非憑空發生。為了讓所有成員團結一心，我們做了很多的努力，一路上也吃了不少苦頭。」

「從許多面向來看，英格蘭橄欖球代表隊和英格蘭足球代表隊面對的問題大概都非常相似，因為所有的球員都是從不同的球隊徵召而來，其中更有許多球隊有『世仇』。就以萊斯特隊（Leicester）和北安普敦隊（Northampton）為例，他們兩隊之間就有極為悠久的恩怨。坦白說，這兩個球隊的球員，一定會有些人無法跟另一隊的球員和睦共處。所以碰到這種情況，你該怎麼處理？」

我稍早提到的「夥伴制度」就是伍德沃德最喜歡的做法之一。伍德沃德會刻意把不同隊的球員，甚至是把互看不順眼的兩人，配成一夥。

「基本上這個夥伴制度就是『你要時時刻刻照顧你的夥伴』。我大約一個月會替大家換一個夥伴，每次我替他們安排新的夥伴時，都會說『我希望你好好照顧你的夥伴，這樣你開會要遲到的時候，就有個人可以打電話。如果你發生了什麼事，就可以找這個人。』」

「但最重要的是，在上場比賽時，這些靠夥伴制度建立的習慣全都會派上用場。」

「球員能把這些學以致用，是因為我把很多場上會遇到的狀況，也都列入他們要彼此照顧的項目。我告訴他們，如果你的夥伴受傷了、如果你的隊友陷入困境，或是如果他要與裁判起衝突，你必須挺身而出，去幫助他。遇到這些事，不只你身邊的隊友會幫助你，你的夥伴也會出手相助。」

有趣的是，球員們為了在比賽期間提醒自己要記住哪些事情，還提出了在場上配戴腕帶的點子，上頭會寫下他們事先討論好的注意事項。只不過，每個球員手上的腕帶，寫的都是他們夥伴需要留意的事情，而非他們自己。

「也就是說，你的目光會時時留意他，並適時提點他。當他乏了、累了、受傷了，你會提醒他別忘了那三到四項重點。把對方可能碰到的狀況放在心上，就是他們更了解彼此的第一步。」

戰場夥伴

克萊夫爵士的夥伴制度並非只能應用在體育界上，在軍隊中，軍人之間要建立緊密的連結，也少不了這類制度的幫忙。你或許不願意把心裡的事告訴隊上的人，但你需要一個「戰場夥伴」聽你說說話。

前紐西蘭海軍迪翁・詹森（Dion Jensen）是一位老兵，曾打過巴爾幹半島內戰（Balkans War），並參與過駐守伊拉克的任務。我本想向他請教軍人之間怎麼能如此輕易地做到無話不說，但一問之下才發現，原來要做到這件事一點都不容易。當然，這背後牽扯到的因素非常多，不過為什麼有這麼多退伍軍人會出現創傷後壓力症候群（ＰＴＳＤ），或許可以從這一點看出一些端倪。

迪翁告訴我，「當我內心感到煎熬的時候，就會去找一個非軍人的朋友傾吐心中的脆弱，因為我不會讓我的戰友看到我的這一面。我可以很自在地對他說出心裡話，他也非常能理解我的心情。不過不是每個人都跟我一樣，能有個非軍人的傾訴對象，而許多問題也就是由此衍生。」

「沒錯，在軍隊裡，你一定會有一個戰友。在每一個隊上，你都會有一個關係特別緊密的夥伴。這個人會是你隊上的小組成員：如果你是狙擊兵，這個人就是你的觀測手；如果你是炮兵，這個人就是你的副手。在伊拉克，我有個非軍人的當地朋友ＧＴ。每次我覺得必須抒發心中的壓力時，就會去找他，坐在他身邊一吐內心的煎熬。我不會對自己的這番舉動感到羞恥，因為我們是戰場夥伴。」

「你之所以不想讓隊友看見你脆弱的一面，是因為你不想讓他們對你的戰力失去信心，因為戰力就是你在隊上的價值。如果我們要一起征戰沙場，他們要知道我會100％與他們同在。我會是他們最堅強的後盾，誓死捍衛他們。這就是他們想知道的一切。」

你之所以不想讓隊友看見你脆弱的一面，是因為你不想讓他們對你的戰力失去信心，因為戰力就是你在隊上的價值。

「我怕萬一我對他們說，我對打仗這件事感到煎熬，他們會覺得『這個傢伙靠不住，我無法信任他』。」

迪翁的經驗顯示，在軍隊中，提供幫助和支持的管道相當匱乏。持續處在這種高壓的環境下，無處宣洩的恐懼和創傷只會導致一連串的問題。

「只要你一說你對打仗這件事有些煎熬，你就會被做記號，這不但會讓你被撤離前線，還會影響到你升遷的機會。在隊上，你最想做的，就是與大家一起並肩作戰，但只要你一開口尋求幫助，你要面對的第一件事，就是你不再能這樣做。」

「你會被調離你的軍隊。」

18
組織和領導者如何鼓勵成員分享難處

知名足球經理佩普・瓜迪歐拉（Pep Guardiola）分享過一段往事，事發當時他是巴塞隆納隊的經理。

二〇〇九年，巴塞隆納隊打進了歐洲冠軍聯賽（Champions League）的決賽，這是歐洲足球的聖殿。然而，此時瓜迪歐拉卻面臨一道選擇難題，因為他的兩名最佳後衛選手丹尼爾・阿維斯（Dani Alves）和艾瑞克・阿比達（Éric Abidal）都無法上場。

瓜迪歐拉說，他本來想用中場球員塞杜・凱塔（Seydou Keita）遞補後衛的位置，但後來他的計畫被推翻了，因為凱塔對他說，「不要選我，隊上有人比我更適合右後衛這個位置。」凱塔知道這樣說可能意味著他得坐冷板凳，無法上場，但他還是選擇拒絕這樣的安排，他說，「如果由我打那個位置，球隊的表現一定會變差。」

我是從達米安・修斯（Damian Hughes）教授那裡聽到這段故事，他著有《巴塞隆納之途》（*The Barcelona Way*，暫譯）[14]，書中他將自己熱愛的體育和多個不同模式的企業文化結合在一起討論。達米安告訴我，「瓜迪歐拉的說法是，這個傢伙做好了『犧牲小我，完成大我』的準備，就算必須犧牲自己登場的機會，也一心想要球隊奪得冠軍。他其實可以什麼也不說，只管照著安排上場就好。自此之後，瓜迪歐拉就把凱塔這樣的精神奉為帶領球隊的最高指導原則，並接連帶著球隊奪下好幾項冠軍。」

在達米安的書中，他把這段故事列為「歸屬感文化」（Commitment Culture）的經典範例，用這種方式發展的團隊會「以人為本」，而且根據達米安的說法，相較其他方式，它也能讓團隊獲得比較高的成就。

達米安向我解釋，「研究指出，假如你沒刻意替團隊營造某種文化，整個團隊的發展幾乎都不會跳脫這五種不同類型的文化。」

「第一種是『明星文化』（Star Culture），它會在廣納頂尖人才的團隊中出現。你通常會給他們最高的薪資，提供他們最好的資源，然後期望他們能團結一心，發揮一加一大於二的成效。」

「但前皇家馬德里隊（Real Madrid）的總教練祖倫・盧柏迪古（Julen Lopetegui）告訴我，『這樣的文化就像是每一個人都是餐廳服務員的領班，但沒有一個人願意做洗碗的工作。』皇家馬德里隊就是明星文化的經典範例，它所推動的『銀河戰艦』（Galacticos）計畫，年年都砸下重金網羅世界級的頂級球員。這種團隊的一大特色就是成員之間不太會展露自己脆弱的一面。」

「第二種是『專制文化』（Autocracy Culture）。以企業界為例，公司可能會有一位魅力十足的創辦人，所以整間公司的走向很容易會以他們的意見為重。蘋果就是一個例子，史蒂夫・賈伯斯（Steve Jobs）走了之後，就為整個公司帶來了巨大的空缺。」

「第三種是『官僚文化』（Bureaucracy Culture），在這種文化中，中階管理人員會是掌握最多權力的人，公司的運作會繞著既有的規則、條例和流程打轉。所有的決定都必須開會決議，一切的事情都必須按照步驟一步一步慢慢來。」

「第四種是『工程文化』（Engineering Culture），在這種文化中，技術和技能是最被看重的特質。你會招聘在特定領域具備專業知識的人員。」

「研究指出，相較於其他企業文化，『歸屬感文化』能為公司提升22%的整體成就。也有證據顯示，歸屬感文化會讓團隊成員有比較高的忠誠度，即便其他組織用高於現有薪資36%的薪水挖角他們，他們也不會輕易離開原有團隊。」

「歸屬感文化會創造出一個有明確目標、行動和價值觀的組織，這會為組織形塑出一個具體的形象，並把人放在最核心的位置。」

歸屬感文化會創造出一個有明確目標、行動和價值觀的組織，這會為組織形塑出一個具體的形象，並把人放在最核心的位置。

「十年前，巴塞隆納隊就是採取這樣的原則重返榮耀。當時他們球隊的表現一落千丈，一般來說，歐洲足球隊都會用裁撤成員來改變現況，但他們沒有裁掉任何一個團隊成員，而是選擇運用文化的力量，來提振全隊的競爭力。他們採取了一系列的舉措，在團隊間發展出高度的信賴感，這樣的信賴感也幾乎只有在歸屬感文化中才看得到。」

達米安解釋，歸屬感文化的成員舉止會遵循三大核心原則，而且這些原則沒有任何討價還價的空間。「我們說的不是價值觀，」達米安說，「因為價值觀是一種抽象的觀念認同，你不見得要用實際的行動來證明它。」

巴塞隆納足球隊的總監提克希奇・貝吉里斯坦（Txiki Begiristain）告訴達米安，「你與我們球隊更衣室大門的距離，會由你的才華決定；但你能不能跨入我們球隊更衣室的大門，持續待在我們隊上，則會由你的舉止決定。」

達米安對我說，「第一個原則是謙卑（humility）。貝吉里斯坦告訴我，有機會站在他們更衣室門口的球員，多半都是很受歡迎、享有盛名的人。但我們球隊一開始就會明白告知他們，『我們不希望你加入球隊後，把這裡當作你炫耀財富、成就的舞台。』」

「他們認為，有這類舉止的人不懂得謙卑，也不懂得聆聽和學習。如果你無法聆聽和學習，你就無法進步，並對組織做出貢獻。為了強化這個原則，他們甚至明確告訴球員，不管他們的私人跑車有多貴，他們都只能開球隊配給的汽車來練球。」

「第二個原則是勤奮（work hard）。大家都知道，你必須勤奮向上，才有機會進入巴塞隆納隊的主隊，但他們想要從一開始就強化球員的這個觀念，讓他們明白『你必須不斷精進球技，不要想著坐享其成』。你必須按時來練球，嘗試和學習新的技巧。」

「第三個原則是把團隊利益放在自身利益之上。萬一你面臨兩難的抉擇，必須在對自己好和對隊友好的選項做出選擇，請選擇對隊友好的那個選項。」

「要看清一項文化有沒有深植成員心中，最好的方法就是在他們意想不到的時間點，觀察他們的行為舉止。以巴塞隆納隊為例，每次球隊在比賽中錯失近在眼前的得分機會，瓜迪歐拉的助理都會悄悄觀察那些沒被選上、坐在一旁觀賽的球員有什麼反應。假如有球員在快要失分的驚險時刻，沒有情不自禁地從板凳上跳起來，他就會記錄下來，然後球隊就會立刻約談該名球員。」

個人風格

萬事達卡（MasterCard）和環匯公司（Global Payments）的前副總裁柯林・萊特（Colin Wright）與我分享了他的理念，他認為任何企業都應該先把焦點放在人身上，其他的事情就會依序到位。

柯林告訴我，「身為萬事達卡全球業務發展部的頭頭，你會有很多挑戰，因為你必須思考，要導入一套怎樣的企業準則和實施方式才能對分布世界各地的行銷團隊發揮作用。能讓某個國家或地區的職員產生共鳴的事情，不見得能讓另一個地方的職員產生共鳴。」

「這種希望用一套方法管好所有人的想法，就有點像『兔子洞』，很難想出一個面面俱到的做法。但如果你採取的做法沒有考量到每一個人的細微差異，別人或許就會覺得你是一個苛刻的經理。面對來自不同地區、國家和團隊，且個性獨特、甚至是相互衝突的職員，我在決定有效管理和領導他們的最佳方式時，更是必須格外留意這一點。」

「因此我一直去回想，最能讓我和我身邊其他人產生共鳴的事情是什麼。後來我發現，答案就是用誠懇、關懷和真摯的態度管理每一位職員。同時也要考量當下的時空背景，還有每一個人特有的性格、立場和需求——而不是硬把職員塞進企業設下的規範和形象中。」

答案就是用誠懇、關懷和真摯的態度管理每一位職員。

隨著時代的變遷，現代人的工作型態和環境，或許都讓企業有更多機會針對個人的需求和挑戰做調整，讓大家能比較自在地對同事或老闆說些心裡話。

蜜雪兒・賽塔凱斯（Michelle Settecase）就見證了這樣做的好處，她是安永會計事務所（Ernst and Young）的全球顧問，但絕大多數時候，她都是在俄亥俄州的家中處理事務所的工作。她告訴我，「我常和居家辦公的人對話，我可以聽見他們那裡的狗吠聲、小孩嬉鬧聲，或是聽出他們現在正在咖啡廳的某處。這種情況可以讓彼此更容易產生工作以外的連結，因為這並不是正式的通話。」

「最令我覺得有趣的是，我發現自己的工作夥伴都分處全球各地，而且這個團隊中的男男女女都沒有坐在彼此身邊。我們就像是一個虛擬的團隊，無法觸及任何一位成員。這一點讓展露脆弱這件事變得更具挑戰性，因為我們不是當面對話。在無法直接坐在對方的身邊、抓住對方的手的情況下，要說出心中的難處前，你就需要先花時間跟他們閒聊，開視訊會議，建立自己的形象。畢竟不是所有事都能用文字表達。」

「反正你必須盡可能建立彼此之間的連結。有時候你需要規畫一段時間聯絡成員，但不是要跟他們開會，只是單純問問他們，『你這個週末做了什麼？最近還好嗎？有發生什麼事嗎？』」

「我發現身為一個團隊的領頭羊，還有一個想要大家真情流露的人，你一定要先以身作則，否則根本不會有人願意說出心裡話。這需要很大的勇氣。如果你身邊的人都不願意讓你這麼做，或是把這樣的行為視為一種無能，那麼你就會更難說出自己的難處。」

二〇一九年，英國發起了一項以皮克斯電影《腦筋急轉彎》（*Inside Out*）為名的運動，就致力解決這項挑戰。它鼓勵大眾敞開心扉、暢所欲言，多多關心心理健康這方面的議題。

「腦筋急轉彎運動」還做了一個「企業領導人風雲榜」（Leaderboard of business

leaders），上頭列有來自匯豐（HSBC）、特易購（Tesco）和高盛（Goldman Sachs）等知名組織的名人分享；他們分享了自己在心理健康方面的挑戰，希望藉此達到拋磚引玉的效果，讓這類對話在他們的組織中，甚至是在整個社會中，成為一種再平常不過的話題。

做好犯錯的準備並從錯誤中學習

我們已經看到營造組織氛圍的重要性，這個氛圍要能夠容忍錯誤，讓大家把錯誤視為機會，而非懲罰。對克萊夫・伍德沃德爵士來說，那種把示弱看作軟弱的組織文化，他完全無法苟同。不論是與商界或體育界的組織合作，克萊夫爵士都想要慢慢灌輸這些組織一個觀念，那就是做好犯錯的準備。

「我會跟共事的每一個企業、每一個團隊說，『我的目標是從這裡走到這裡，但我合作過的團隊中，從來沒有一隊能直線達陣。達陣的道路一定是蜿蜒起伏。一路上你可能會碰到大勝、大敗或重挫等情況，但不管怎樣，你都必須用相同的態度去看待它們。』」

「你必須知道贏了該怎麼辦，你必須知道輸了該怎麼辦，你也必須知道受挫時該怎麼辦。我想我與其他教練最不一樣的地方，大概就是我花了很多時間在討論『輸』這件事。」

你必須知道贏了該怎麼辦，你必須知道輸了該怎麼辦，你也必須知道受挫時該怎麼辦。

「萬一你沒爭取到一筆大生意，事後你絕對不會問『現在我們到底該怎麼辦？』因為這些早在之前都討論過了。只要你有事先想好面對輸、贏要採取的行動，不論最終的結果是哪一方，團隊中的每一個人都會知道下一步該怎麼做。」

塞杜・凱塔在巴塞隆納隊展現的那種氣度，就是克萊夫爵士最想看見的——他對自己的不適任據實以告，就為了促成團隊的勝利；而這種把團隊需求放在個人功利之上的行為，也正是「歸屬感文化」講求的一大原則。

營造一個令人安心的空間

通常，阻礙大家分享的最大阻力就是企業文化。這是安德魯・格里爾（Andrew Grill）長年觀察下來的心得，他曾在IBM、Telstra和英國航太（British Aerospace）等大企業擔任高階主管。

安德魯告訴我，「我在很多大企業工作過，它們都會有派系問題，所以你不能露出任何弱點，否則對方就會以此扳倒你的提案。我覺得除非是經過一番世代輪替，那些搞派系鬥爭的人全退位了，否則這種情況不可能有所改變。」

誠如我們前面提到的，隨著時代的變遷，現在越來越多企業願意主動採取行動，為員工營造一個更友善分享的工作環境。只不過我擔心的是，不少企業的這類行動都只重觀念的提倡，並沒有立下什麼具體的規範，所以願意帶動這種風氣的主管，不一定都能得到上級的實質支持。換句話說，企業領導者對外開出的那些美好支票，不見得都能在企業之中落實。這類例子我自己就看過好幾個，他們都是願意帶動這種風氣的主管，但最終都因為招來上級和團隊的不滿，而不得不作罷。

這一點在金融業中尤其明顯，為了這本書，我邀訪了很多在大型銀行工作，且在工作環境做過很多努力的職員，想了解他們對這方面的想法，但他們的公司不是不允許他們接受訪談，就是要求他們在受訪時不准提及公司的名稱。面對這樣一個負面新聞頻傳的產業，我對這些公司的舉動感到很意外，因為他們大可藉此機會主動改善這個產業在領導管理層面的不足，但他們卻不願意這麼做。

就如我們在第十三章討論到的，確實有許多企業設有健全的導師制度，使受指導者能夠選到符合他們需求的導師人選，但除了對的人，企業也必須建立更周全的具體規範，為員工營造更友善分享的工作環境，才能促進彼此以坦誠的態度交流互動。為了讓受指導者能更安心地說出自己的難處，有些跨國企業甚至會刻意安排，讓受指導者與不同公司的高階主管配對。

不過企業倒不一定要硬性規定，或要求大家對彼此要坦誠到什麼程度。若組織能對此訂出一套執行的框架當然很好，但組織最重要的責任應該是：為員工營造一個安心的職場氛圍，讓眾人願意與他們的同儕或主管分享彼此的心聲。

19

我們能接受政治人物也會出錯的事實嗎？

「我們最後一次登上空軍一號時，我哭了大概三十分鐘。這就像是釋放了這八年來，我們必須事事力求完美的重擔。過去那段時間，外界沒給我們一絲出錯的空間，所以我們不能犯錯，不能失誤，必須時時刻刻保持完美。」

——蜜雪兒・歐巴馬（Michelle Obama）[15]

「對那些屏氣凝神，正等著從我口中聽到『政策大轉彎』的人，我只有一句話要說：要轉你自己轉，鐵娘子我是絕對不會轉的！」

——柴契爾夫人（Margaret Thatcher）[16]

如果我們要鼓勵更多人分享、坦白自己的錯誤，還有承認他們對眼前的挑戰束手無策，就必須確保我們有創造一個合適的環境，並讓最上層的人物帶頭做起。

已經有好長一段時間，我們的社會都因政治呈現一種兩方對立的局面，例如：地主階級和受其壓榨的窮困勞動階級，大企業主和受其解雇的失業勞工，擁戴工黨的紅軍和保守黨的藍軍。這樣的現象在兩黨獨大且欠缺獨立候選人的國家，尤其明顯。

媒體的推波助瀾更是加深了這些分化，甚至促使柴契爾夫人這樣的政治人物，對自己的政策說出了「鐵娘子我是絕對不會轉的！」的聲明。堅定自己的立場和信念固然是一股力量，但這樣的力量也會讓人失去變通、承認錯誤，或虛心受教的空間。

隨著社群媒體的興盛（例如推特），現在這些政治人物的每一個失誤、每一次遲疑，以及每一個政策的微調，更是難逃被數百萬網民公審、放大檢視的命運。

隨著社群媒體的興盛（例如推特），現在這些政治人物的每一個失誤、每一次遲疑，以及每一個政策的微調，更是難逃被數百萬網民公審、放大檢視的命運。

過去幾年，這些問題在英國愈演愈烈，國會和全國人民先是為了脫歐的議題吵個不停，後來又因為疫情延燒，讓眾人為了封城和強制佩戴口罩的政策爭論不休。在各自立場越來越堅定的情況下，大家也越來越聽不進去異己的意見。

對保守黨前主席和現任英國國務大臣詹姆士・柯維立（James Cleverly）來說，政治界存在著一股「不容許任何政治人物展現一絲脆弱、劣勢或無知的巨大阻力」。

詹姆士說，「我在很多地方工作過。我待過軍隊，也做過大、小生意。但不論是在軍界或在商界，大家都能理解犯錯是學習和進步的一環。」

「反觀政界，尤其是在英國國會裡，在你的一舉一動都深受眾人檢視的情況下，更是會強烈感受到自己不能出任何差錯，即便犯錯在各行各業中是一件多麼正常的事。我覺得，有的時候這樣的氛圍會對我們的施政造成非常直接性的阻礙。因為就算你只是對某項政策做了一點點修正，就會被大家說成『某某某承認決策錯誤，政策大轉彎』。」

詹姆士認為，許多常見的政治指控，都是黨派之間的人為操縱。然而，有時在大眾輿論和敵對政黨的雙重夾擊下，就非得要有個人下台負責；這也意味著，政界的飯碗並不好端，任何人都有可能成為政治鬥爭下的犧牲品。

「你會感受到龐大的壓力，很顯然，我們就曾有過幾位大臣因此辭職。我能想像他們當下的心情，當你面對那樣近乎全民圍剿的強大砲火，真的很難繼續堅守崗位。」

詹姆士所屬的保守黨，在二〇一七年的英國大選拿下最多議會席次，但他們卻強力否認在選舉期間，他們的政見內容已大幅偏離了該黨選舉之初發表的政綱宣言。

原本他們為了拉攏年輕選民，承諾勝選後會縮減老年人的長照補助金額，讓居家長照者自行負擔較多的醫療費用，該政見還一度被冠上「失智稅」的污名；但老年人是保守黨的主要票倉，此政見一出，立刻就讓保守黨的民調支持度大跌[17]。後來當屆的保守黨首相候選人立刻表示，他們會重新研擬相關補助的門檻，但嚴正否認政見大轉彎的事實，爾後這項政策也悄悄被擱置在一旁。

「這是一個很經典的例子。」詹姆士告訴我。「我認為這是一個很好的例子，因為它讓我們看見錯誤的政策是如何產生。通常好決策和壞決策之間只有分毫之差，而且這當中政治人物往往會錯過很多可以或應該用來調整決策方向的時機。每項決策的好、壞，都是由同一條起始線出發，所以一路上，大家其實都有導正決策、不讓它繼續朝錯誤方向發展的機會。」

不再固執己見

詹姆士帶著我檢視那項社會福利政見，一點一點地告訴我，這個錯誤的政策是怎樣發展而來。我問他，既然過程中有這麼多時機點可以將政策導向對的方向，為什麼大家卻都選擇袖手旁觀？難道是政界的氛圍讓大家不敢為此發聲？這樣的風氣很不好，而且不單單是在政界，在商界、在工界和我們的日常生活中，這種現象也常常困擾著大家。

「就那個例子而言，我認為當初我們之所以會硬著頭皮繼續提出這項政見，是因為二〇一七年的大選提前舉行，所以一切的事情都是以快轉的節奏進行。」

「如果你在發布政綱宣言的前夕，突然覺得這當中有哪個地方不太對勁，並表示『我想要暫緩這份政綱的發布時間，因為我覺得有些地方不太對勁』，那麼大家一定會說，『好吧，如果你打算這樣做，你最好在幾小時內搞定它，不要花上好幾天，因為週三就要送印了。』」

「修改政綱不是一件小事，決定你是否要這麼做的關鍵不是人品，而是自信。因為你必須捫心自問，『這真的是個問題嗎？有我想的那麼嚴重嗎？即使它真的是個問題，但為了它推遲整份政綱的發布時間值得嗎？』」

「最重要的是，大家都知道，只要有心，永遠都可以採取某些行動，去暫停這所有的程序。但這並不表示每一個人都有權這麼做，因為這樣政府就會什麼事也做不成。」

詹姆士詳述這項社會福利政策的不足之處時，我還從中聽到了另一個問題，那就是這項政策的設計非常「不接地氣」。詹姆士說，「這項政策是在不食人間煙火的情況下研擬出來的。它是由一小群人共同完成，小團隊做事有小團隊做事的好處，像是討論會非常有效率，又會得到很精練的想法。但相對地，這也容易讓團隊陷入認知同溫層的陷阱，所以大家都會認同彼此的想法，不會對彼此的看法提出異議。」

「在沒人刻意跳脫既有框架，去看看這個世界到底是怎麼運作的情況下，政策的走向就很容易偏離現實。」

大家都會認同彼此的想法，不會對彼此的看法提出異議。在沒人刻意跳脫既有框架，去看看這個世界到底是怎麼運作的情況下，政策的走向就很容易偏離現實。

「當初研擬政綱宣言的人就是沒做到這一點。他們按照自己的想法，很迅速地完成了這份政綱，完全沒有經歷什麼腦力激盪的過程。」

當然兩黨獨大的國家還有一個特色，就是我們總會對自己擁戴的政治人物抱有很多不切實際的期待，希望他們能無所不知。對此，詹姆士表示認同。

一直到二〇二〇年的春天，英國打算針對新冠肺炎實施封城政策的初期，眾人才終於看見政治人物對自己施政方向比較沒把握的一面。當時的衛生部長馬特・漢考克（Matt Hancock）在受訪時表示，自己願意接受各方對該政策的批評指教。

漢考克對ＢＢＣ的節目主持人安德魯・馬爾（Andrew Marr）說，「我歡迎大家對此提出意見。我並不介意聽到與我立場不同的言論，我會虛心傾聽，了解我們是否有哪些地方考慮得不夠周全。因為當前最重要的，就是要讓這項政策朝對的方向發展。[18]」

我並不介意聽到與我立場不同的言論，我會虛心傾聽，了解我們是否有哪些地方考慮得不夠周全。

對我來說，這樣的決策心態相當成熟又實際，而我對他的這番言論會如此印象深刻，是因為我很少從英國的政治人物口中聽到這樣的話。只是鏡頭之外，事情又會怎麼發展呢？

與不同陣營的人成為朋友

儘管政治人物因政黨不同，相互敵對的例子時有所聞，例如英國工黨的前影子內閣財務大臣（Shadow Chancellor of the Exchequer）就曾公開表態，他無法跟保守黨的下議院議員做朋友[19]，還有美國共和黨的眾議院議員泰德・約霍（Ted Yoho）亦曾在美國國會大廈的樓梯上，當面辱罵民主黨的眾議院議員亞歷山德里婭・歐加修—寇蒂茲（Alexandria Ocasio-Cortez）[20]；但還是有些政治人物能跨越黨派的對立，以個人的立場適時對不同陣營的人伸出援手。

前自由民主黨黨魁喬・斯溫森（Jo Swinson）記得，她初入政壇的時候，就曾從一個意想不到的人身上得到幫助。那時候她是下議院議員，整個人正為即將首次質詢政要大臣的事情七上八下，這個時候，讓她平靜下來的人竟是保守黨的前政要大臣麥克・法隆（Michael Fallon）爵士。

她在她的著作《平等的力量》（*Equal Power*，暫譯）[21]就寫道：「雖然是個意想不到的人，但我的心神確實因為麥克・法隆的幫助安定不少。從一九九〇年代起，他就一直在國會活躍，之後又多次擔任內閣要職，我從沒想過自己有一天會和這樣典型的保守黨人士搭上話。他見我緊張全寫在臉上，便悄悄對我說，其實他也很緊張。『但你見過這種場面很多次了！』我說。他說，就算他已經見了這種場面二十幾年，但他對它的敬畏感卻從未消滅，也不應該消滅。」

「我們都擁有這樣的力量，可以看見其他人正身陷什麼樣的困境，又可以為他們做些什麼——即便這個人是我們的競爭者或對手；在這個時候，即便只是一個小小的笑容，或是一句充滿人情味的話語，就能讓一切有所不同。」

「在下議院，這樣跨黨派的惺惺相惜情誼其實並不罕見。」喬告訴我。「而且我注意到，這種情誼在女性之間特別常見，我想這或許是因為所有的女性都承受著一個共同的痛處。我們都知道，即便是在這個倡議男女平權的世代，社會還是存在著許多針對女性的性別歧視，所以就算妳們從未深談過，彼此之間也會因為這個背景而有所連結。」

「麥克・法隆那次的善意關懷，也讓我體悟到一個有趣的道理，那就是要得到別人的幫助，你必須先允許別人看見你的脆弱。我想，當初要是我沒有承認自己確實是有些驚慌，我就不可能從他身上得到支持。我認為對其他人示弱，能讓對方也放低姿態，或謹守分際，這樣一來，雙方之間的氛圍反而會由原本的劍拔弩張，轉為平靜安和。」

我認為對其他人示弱，能讓對方也放低姿態，或謹守分際。

「我認為不論你從事哪一種行業，這種人性的連結都能發揮相當重要的功用。尤其是在商場和政界，與競爭或不同組織的人相處時，雙方之間一定會存在著某種程度的緊繃，但只要你記住，你們有著相同的人性、相同的目標，那麼你就會明白，你們其實沒有那麼對立。正如喬・柯克斯（Jo Cox）[22]在她的初次演說中講出的那一段名句那般：『我們的共通之處其實比相異之處還多。』我覺得這句話說得非常中肯。」

詹姆士・柯維立認為，雖然紅藍兩大黨派的對立和激辯是英國政治的一大特色，但在政治圈，兩黨的政治人物還是必須保持友好的關係。

「我一直都會受到工黨的批判，相對地，工黨的政治人物也一直會被保守黨的人拿放大鏡檢視。不過為了順利推動某些政策，你還是要與其他黨派的人保有良好的交流。要做到這一點，你勢必要與那些常在公開場合批判你的人打交道，與他們建立友好的關係。」

「從局外人的角度來看，我們在議會裡的針鋒相對就好像是套好招，或者說有點像在作秀。但這麼說其實不太公平，因為政治歸政治，個人歸個人，在議院裡，我們本來就必須善盡各自的義務，監督他黨提出的各項政策。」

與不同陣營的人建立友好關係，能幫助我們突破同溫層，看到不同的觀點。在社群媒體的興盛下，我們更容易處在一種只在同溫層取暖的狀態中：只會去看支持我們觀點的言論，不會從不同的角度去審視自己的觀點是否正確。

面對逆境的對策

面對這樣不太健康的兩黨對立政治模式，重量級的政治人物都怎麼處理？他們要怎樣消化反對者、媒體和大眾對他們的攻擊，尤其是在社群媒體這一塊？

對喬・斯溫森來說，她發現復原力（resilience）給了她很大的能量，在二〇一九年的英國大選，她失去黨魁一職時，也確實需要大量的復原力。

喬在角逐自由民主黨的黨魁時，工黨的支持者一直拿她過去的政績攻擊她，不過對此她早已見怪不怪。

「在政界，尤其我那時候還擔任政要，這樣的攻擊肯定會對選情造成衝擊。你一定會不斷質問自己，怎樣做才是對的。在盟友與你立場大不同的情況下，你又該怎樣拿捏雙方的平衡點？這個答案不會憑空掉下來。」

「為反對而反對是最簡單的事，但如果你要理性思考、做出一個正式的決定，就會發現事情比你想像的複雜許多，才沒有什麼動動腳趾就能想出的對策。就算你盡可能面面俱到，還是或多或少會犯點錯誤，畢竟『人非聖賢，孰能無過』，我們都只是個平凡人。話雖如此，但當那些錯誤發生時，要我們坦然認錯並不是件容易的事，因為這會讓我們成為大眾眼裡的笑話。我們的社會風氣對願意認錯的政治人物並不友善。這樣的風氣很不健康。」

我們的社會風氣對願意認錯的政治人物並不友善。這樣的風氣很不健康。

說到自由民主黨充滿爭議的學費政策時，喬很遺憾當初她沒有按照自己心中的感覺走。他們與保守黨共同執政時，曾發起廢除大學學費的運動，但最終他們並未如願以償，反而讓大學學費不減反增。

「從自由民主黨的立場來看，我們為了減免大學學費的這項政策付出了很大的心力，但最後我們還是把這項政策搞砸了。當時我心中一直有種感覺，覺得『我們不可能做到這一點』。我想那時候如果我們有更豐富的執政經驗，一定會用全然不同的方式處理這項政策。那個時候我們是有察覺到，推動這項政策會讓我們面臨某些挑戰，但由於當時是自由民主黨初次執政，所以就某種程度來說，我們根本不曉得哪些挑戰是我們能夠突破的，又有哪些不能。但有了那兩年的執政經驗，現在我們對這個部分已經有所了解，知道有哪些事情我們無能為力，又有哪些事我們可以努力去做。」

「計畫總是趕不上變化，有時候你可以在不偏離初衷的狀態下，微調政策的方向，順利推動政策，但有時候，你還是得向現實低頭，承受眾人的責難。但不管是哪一種狀況，你都必須對大眾據實以告。我在政治生涯中做出艱難的決策時，都會做一件事，就是寫部落格。我會用數百字的文句，說明我做出這項決定的原因。不論是與保守黨聯合執政，或是學費政策，又或者是對敘利亞難民的處置等，各種極具爭議的議題，我都會在上頭解釋我做出決定的觀點。」

「我發現光是這樣把我的考量公開在大家眼前，就消除了不少攻擊我的言論。」

我發現光是這樣把我的考量公開在大家眼前，就消除了不少攻擊我的言論。

共創一個比較無毒的政治環境

儘管政治界是個充滿對立的圈子，但在這之中，顯然還是存在著一些包容和關懷。然而，假如我們想要讓這些例子成為一種常態，我們就必須多一些柔軟，少一點強硬。

詹姆士・柯維立認為，政界有很多地方可以改進。回歸到一切的核心，在很多情況下，我們都可以一起為更健康的政治環境盡一份心力。

「舉例來說，英國下議院每週三進行的『首相答問環節』（Prime Minister's Questions），砲火都相當猛烈。但前陣子首相大病初癒，大家的炮火就會比較和緩，並在結束各自的提問時，用一些小動作表達自己對首相的關心。」

「這些都只是一些非常不起眼的小動作，很多時候一般大眾根本看不出來質詢者有對首相表達關心，但這個小舉動卻能為整個政界帶來很大的影響。它會讓政界的大家明白，就算你沒有開口尋求外界的支持，大家多半也都會在你狀況不佳的時候，用他們的方式支持你。我不敢說這樣的風氣是否會持續下去，也不敢說政治圈的環境是否會就此越變越好。」

「或許我們真的慢慢地在改善這一切，或許有一天我們真的可以共創一個無毒的政治環境。可是就目前的情況來看，有許多證據依舊顯示，即便有人願意伸出援手，政治人物還是非常非常不善於開口求援。」

第5部

我們之間有何不同？

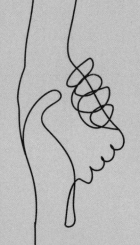

20

就性別來看，男女尋求援助的意願有何不同？

雖然近幾年注重外表的「都會型男」越來越多，也越來越多男性樂於表達自己的感受，但在訪談過程中，我發現許多人都認為在分享難處這一塊，女性還是比較在行。

喬・斯溫森告訴我，「女性從小就被鼓勵多說出自己的感受，許多研究證據也指出，在表達感受和情緒這方面，女孩的字彙量比較豐富。」

「對男性來說，要做到這一點就比較困難。這個情況會導致他們比較容易把事情悶在心裡，不提出來討論。男性可能會覺得自己孤軍奮戰，有的時候，甚至會造成非常嚴重的心理問題。」

男性可能會覺得自己孤軍奮戰，有的時候，甚至會造成非常嚴重的心理問題。

「我們需要意識到這個社會對性別角色設下的框架，確保男性在遇到困難時，也能獲得支持，而且不會被大家覺得這樣開口求援的舉動很不 man。」

盧克・安布樂（Luke Ambler）就致力於提供這類協助。盧克原本是一位成功的職業橄欖球選手，但在他的姊夫結束了自己的生命後，他便辭去了這份工作，那一年他二十三歲。卸下職業選手的身分後，他創立了一個組織，讓年輕男性有個抒發情緒的管道。過去盧克是超級聯賽的橄欖球員，也即將代表愛爾蘭隊出戰世界盃，但他姊夫的死，給了他重重一擊，讓他覺得自己必須立刻做出一些改變。

於是，盧克用他姊夫的名字，創立了名為「安迪男子社團」（ANDYSMANCLUB）的支持性網絡。這個網絡的成長相當快速，目前已有數百名男性定期參加這個組織舉辦的分享會。

每個加入安迪男子社團的男性背後，都有一段不為人知的故事，但他們是出於什麼原因加入這個大家庭不是重點，重點是，安迪男子社團給了他們一個能自在分享的地方。

盧克告訴我，「來這裡的人形形色色，有憂鬱症的，有躁鬱症的，有與伴侶分手的，也有想要出櫃的。還有些人是有債務、賭博、酒精、藥物和家暴之類的問題，大家都有自己的一番苦痛。但只要他們來到這裡，我們都會對他們說，讓我們彼此相互扶持，這場風暴終會過去。」

盧克表示，雖然就他的經驗來看，大眾對性別的刻板印象，確實會讓初次參加分享會的男性比較開不了口說出自己的難處，但隨著參加分享會的次數增加，在耳濡目染之下，他們也會漸漸敞開心扉。

「一般來說，第一次參加分享會的男性都會有些畏首畏尾，而且他們的目光大多只會盯著地板看，不敢與人有眼神上的交流。但參加幾次之後，他們就會感受到這是一個令人安心的地方，你會發現他們的轉變，比如開始直視其他人的目光，坐在椅子上的時候也不再畏畏縮縮；他們會抬頭挺胸、打開心扉，與其他人分享自己的故事。」

「從他們參加分享會，開始傾聽其他人故事的那一刻起，就會慢慢意識到，自己並不孤單。當你走進這個容納了四、五十名男性的空間，坐在一個跟你有類似處境的人身邊，你就會明白『啊，原來我並不奇怪，也不軟弱。我不需要為自己的狀態感到羞愧，也不是其他人的負擔。』」

從他們參加分享會，開始傾聽其他人故事的那一刻起，就會慢慢意識到，自己並不孤單。

「然後他們就會逐漸學會開口，我認為這是一個很大的轉捩點。」

文化對性別的框架

印度企業家瑟里卡・巴塔恰里亞（Sarika Bhattacharya）認為，印度社會賦予性別的角色框架，深深影響著印度男女的分享意願。「絕大多數的印度人都生活在務農為主的小城鎮裡，這當中有很多人完全不識字，也從來沒受過教育。雖然印度還是有少數幾個地方教育比較興盛，但就算是在這些地方，大家還是會有『女子無才便是德』的觀念。」

「在這樣的觀念下，脆弱反倒成了為女性加分的特質。對印度的男性來說，如果我是一個脆弱又無知的女性，就會是他們心目中最佳的結婚生子人選；但如果我是一個在職場上獨立、自主，展現出巾幗不讓鬚眉氣魄的女性，他們就不會想把我娶回家。」

除了文化賦予性別的角色框架，有時候，大眾對男性和女性特質的刻板印象也會強烈左右兩性的分享意願。「男兒有淚不輕彈」就是一個最典型的例子，大眾會覺得男生就是應該掌控大局、冷靜可靠，表現出硬漢的樣子。

除了文化賦予性別的角色框架，有時候，大眾對男性和女性特質的刻板印象也會強烈左右兩性的分享意願。

羅比・塞繆爾斯（Robbie Samuels）就發現，自己的人格特質常會因為這些性別刻板印象被大做文章；過去他在大家眼中是一個「陽剛味十足」的女同志，但變性後，大家又覺得他是個比較陰柔的男性。

「我想，不論是誰，都不會在我身上看到半點硬漢的影子。我從來不想當條硬漢。大概因為我是後來才變成男兒身的，所以相較於一出生就是男兒身的男性，我比較能夠自在地表達內心的感受。如果有所謂最 man 的狀態，我並不打算讓自己變成那樣。」

「在決定變性之前，我其實很抗拒這個想法，因為這等於我認同了大眾對男性的刻板印象，所以我想，現在我是透過表達自己的脆弱、分享自己的感受，或是退一步看事情，來撫平這方面的矛盾。」

職業婦女在職場上的處境

然而來到職場，女性的脆弱似乎就無法成為替她們加分的特質，至少對一個想要在職場上有所成就、令人印象深刻的女性來說，她們多半不會想要強調自己的這一面。我注意到，媒體在報導女性企業家時，常常會比較強調她們的男性化特質，而非女性化特質。

職業婦女網站 WearetheCity.com 的創辦人凡妮莎・斐爾立（Vanessa Vallely）告訴我，「假如你身處在以男性居多的產業或部門，那麼你或許就會想表現得比較有男子氣概，因為你可能會覺得，要這樣才能在這樣的環境下生存。」

「我就經歷過那樣的過程，上班的時候我會穿著細條紋的套裝，做出一般男性會做出的決定。我會將自己善解人意，或是身段柔軟之類的女性優勢隱藏起來，讓自己看起來跟身邊的男同事沒有兩樣。因為當時的我認為，在這樣的工作環境下，我就是需要採取這樣的行事作風。」

凡妮莎告訴我，在這樣過於陽剛的職場文化中工作，會讓女性對做自己感到卻步，遇到困難時，也會很難開口尋求其他人的協助。可是這樣的文化很不健康，因為不論從個人或組織的層面來看，兩者的進步潛力都會因此受阻。

「一個強調男子氣概的職場文化，會令人無法以真面目示人。萬一你因為某些事感到沮喪或不安，在那樣的環境裡，你根本不敢奢望有人願意聽你訴苦。展現自己脆弱的一面，是一個非常需要團隊支持的舉動。你必須要感受到團隊允許這樣的行為，你才會願意這麼做。」

展現自己脆弱的一面，是一個非常需要團隊支持的舉動。你必須要感受到團隊允許這樣的行為，你才會願意這麼做。

「今日社會的風氣已經跟以往大不相同。在我那個年代，犯錯是千夫所指的大罪。但現在我們明白，犯錯是我們創新的動力，沒有犯錯我們就無法建立我們想要的組織文化，或是我們想要的產品和服務。」

「可是要實現這一點，你必須先處在一個鼓勵展現和分享真實自我的環境，否則你就只能把所有的苦都往肚裡吞。我跟很多女性談過，她們告訴我，持續的壓抑會導致怨恨，因為你會無法在工作上展現真實的自我。然而展現真實的自我卻是賦予組織多樣性的關鍵。」

阿普爾瓦・普羅希特（Apurva Purohit）也有類似的體會，她是印度最有影響力的媒體領袖之一。她很清楚，在職場上脆弱無法為女性加分。「如果你是一個職業婦女，開口尋求幫助或展現自己任何脆弱的一面，都會讓你的職場形象扣分。現在的女性要成為一位大家認可的好領袖，仍有很多需要克服的阻礙。」

「大家對女性還是存有非常明確的刻板印象。如果你想要成為一個被大家當一回事的女性領袖，你的行事作風就必須比一般女性更強悍。向外界尋求協助或流露任何情緒，都會被大眾視為是不得體的弱點。」

如果你想要成為一個被大家當一回事的女性領袖，你的行事作風就必須比一般女性更強悍。

「女性要對抗的刻板印象非常沉重。在職場上，女性除了要努力證明自己有工作和經營一間公司的能力，還要奮力贏得男性同儕的敬重。」

「舉例來說，假如我面臨這樣的情況：參加董事會時，很多人都對我的發言有意見。

其他男董事不等我把話說完，就毫不猶豫地見縫插針，搶著插嘴，用猛烈的言詞質疑我的看法，甚至是當場對我『說教』。由於他們太常這樣對我，所以開會前我都必須做足準備，讓自己的每一句話都於理有據、不容置疑。」

「做準備時，我不只會把董事會要討論的內容都詳閱一遍，還會事先演練自己發言的措辭。我會用簡短有力的句子表達自己的想法，絕對不會讓『或許』這樣的單字出現，以免其他人藉此大做文章。」

「照這樣的脈絡來看，我絕對不會在會議上徵詢其他人的意見。但我發現，有時候只要我能以退為進地簡單提出三個問題，便能讓自己的立場更加明確，同時也能輕鬆化解眾人對我的質疑。」

不斷變遷的大環境

為了這本書，我確實訪談了許多人。在這些訪談中，我們最常討論到的話題就是：這個世界正在改變，年輕一代對未來的期待也有所改變。阿普爾瓦指出，「年輕一代進入職場時，心中都有一個明確的目標，那就是他們想要事業與家庭兼顧。在職場上，他們也會看到比我們那個世代更多的女力，這些女性可能是他們的上司或同事，也可能是其他部門或組織的同僚。」

凡妮莎也承認職場正在改變，但她認為這個改變不一定能朝理想的方向進行。在組織中，上位者或許有意識到改變職場文化勢在必行，新生代的職員也或許願意對此鼎力相助，但關鍵點就在於，處在這兩者之間的中高階主管通常沒什麼意願這麼做。

「我認為組織裡仍然存在著這樣的中高階主管：口頭上應和著上位者的想法，實際上卻無所作為。他們對職場的變革一定會造成某種程度的阻礙。這時候如果你身在組織的基層，可能就會有種『只聞樓梯響，不見人下來』的感覺。」

「所以組織如果要推動職場文化的變革，一定要格外關注這些中高階主管的作為，因為他們是讓這一切順利進行的關鍵。他們除了較有錢與權，可以為高層出力，也可以教育基層下屬。我覺得在這場變革中，中階的管理者握有非常大的影響力，可說是整場變革的主力。」

女人之間比較能自在分享心事？

我在探討兩性尋求援助的意願有何差異時，看到了希拉蕊・柯林頓（Hillary Clinton）在二〇一七年出版的著作《內幕》（*What Happened*，暫譯）[23]，她在裡頭的一段敘述令我印象深刻。希拉蕊在書裡談到，她在面臨挑戰時，會向誰尋求幫助和支持，又有誰會給予她不同的看法和鼓勵。她表示，雖然她的生活圈中也有不少男性摯友，但她特別強調，「和閨密談心是一種完全不一樣的感受。就我自己的經驗來說，我覺得女性之間的情誼存在著一股特殊的力量。我們會坦誠相見，把自己的所有苦痛都赤裸裸地告訴對方；我們會互相扶持，承接住彼此心中最深處的不安和恐懼。」

照這樣來看，同性之間的分享似乎能讓女性比較自在地談心，但真是如此嗎？那男性呢？他們也有這樣的感受嗎？

受到澤拉・金（Zella King）和阿曼達・史考特（Amanda Scott）著作的啟發，凡妮莎利用她們提出的「個人會議室」（Personal Boardroom）理念，組成了一個專屬智囊團。這個智囊團的人數不多，成員都是女性，除了會給予她支持，還會從女性的角度，為她的新點子提供一點意見。

「我們的背景相當，彼此之間沒有什麼高低之分。我一直都與男性共事，在男人味十足的團隊裡打滾，所以對我來說，與這樣一個女力當道的團隊交流，是一個全新的體驗。」

「過去支持我的都是男性，他們是我今日成就的基礎。但我認為，這個同性的團隊更能對我的處境感同身受。她們會隨時對我敞開雙臂、支持我，同時她們帶給我的安全感，也讓我能安心對她們說出心中的憂懼。」

盧克告訴我，男性同樣會比較能自在地對同性分享，但是他認為大家能否自在分享的因素，不單單只跟性別有關。「我發現，男生和男生之間確實會比較好說話，但前提是，他們的說話對象要能對他們的處境感同身受。其實不管男生或女生，大家都會對有過類似際遇的人比較有親切感。」

其實不管男生或女生，大家都會對有過類似際遇的人比較有親切感。

「如果你是個願意坐下來，與對方分享自身經驗，並傾聽對方經歷的人，不論你是男是女，對方都會從中獲得很多力量。」

21 就個性來看，內向者會比較難開口求援嗎？

這本書提到的許多故事，都是願意與他人分享自己的難處，並允許其他人幫自己一把的人。大家都明白，個性對眾人分享的意願影響甚鉅，而這樣的狀況不禁會令人想到：比較內向的人，是否比較難對其他人敞開心扉？

我和珍妮芙・凱威樂（Jennifer B Kahnweiler）談到這個問題，她是幫助組織看見內向者的力量，讓內向者發光發熱的專家，著有《用安靜改變世界》（*Quiet Influence*）、《幹掉獅群的小綿羊》（*The Introverted Leader*）和《對立的天才》（*The Genius of Opposites*）等作品。

「外向者多半比較善於表達自己的想法，」珍妮芙告訴我，「他們比較不會自我苛責，但內向者大多不太會說出自己的想法，因為他們在開口前會想比較多，開口的意願也會隨著這樣的自我對話而降低。」

內向者大多不太會說出自己的想法，因為他們在開口前會想比較多，開口的意願也會隨著這樣的自我對話而降低。

「雖然懂得自我反省是個優點，但反省過了頭，反而會讓這個舉動變成一個缺點。想太多和過度分析每一件事情，會讓內向者在說話時有種綁手綁腳的感覺，無法自然地應答。」

「內向者不見得能從容表達自己的需求、渴望和正在找尋的東西。他們告訴我，自己很難像外向者那樣，輕鬆自然地與大家打開話匣子。對內向者而言，即便只是與人隨意閒聊，他們也必須先在內心沙盤推演一番。」

「但我認為內向者具備在人際相處上最需要的一項特質，那就是『聆聽』。他們善於傾聽，能從別人的言談了解對方，並找到自己可以幫助和支持對方的地方。藉由一對一的深入對話，他們能與大家建立信任感。一旦他們和對方建立起信任感，就比較能自在向對方表達自己的需求。」

內向者的執著和謀略

假如這樣聽下來，你還是覺得外向者比較擅長開口求援，那麼珍妮芙會明白的告訴你，事實並非如此。「外向者是很健談，但這不一定表示他們就比較能開口求援，實際上，這跟他們的求援能力沒有直接的相關性。」

「不論你是內向者或外向者，想讓自己自信開口求援一定要做到兩件事：一個是知道你需要得到怎樣的幫助，一個是必須顧及到對方的需求。你也可以說，要順利獲得援助，你必須對自身的目標具備一定程度的執著和謀略。」

「內向者本來就比較善於計畫和準備，所以在尋求幫助時，他們能非常有效率地達到自己的目的。人際網絡就是靠著彼此的相互交流產生連結，因此內向者在開口前，除了會先想清楚自己需要怎樣的幫助，也會思考自己能為對方做些什麼。開口求援是一門技能，而任何技能都需要透過練習來精進。如果你一直不試著練習，等有一天你真的需要這麼做時，就會覺得非常難受，無法自信開口。」

當然，內向者也不見得都缺乏自信。其實很多內向者都對自己充滿自信，他們只是不喜歡成為眾人的焦點；相反地，許多外向者則是藉由眾人對他們的關注，來隱藏自己內心深處的脆弱。

許多外向者藉由眾人對他們的關注，來隱藏自己內心深處的脆弱。

那麼從現實層面來看，與外向者相比，內向者是否能因為這樣的行事作風，從自己的人際網絡中獲得比較多的支持呢？

性格內向的未來學家暨策略顧問葛瑞米・柯德林頓（Graeme Codrington）告訴我，他認為情況就是如此。「對我來說，內向者和外向者之間最大的不同就是，外向者的人脈雖然很廣，但彼此的交情多半不深；反觀內向者，他們的人脈雖然比較不廣，但交情都很深厚。我明白這兩者各有千秋，所以我不會說哪一方比較好。不過，我個人的感受是，相較於外向者，我需要幫助或想找人談心時，能找的人確實不多，可是我覺得自己從那些人身上得到的幫助，或許會略勝外向者一籌。」

「我的兄弟和我的個性完全相反，所以當我對某些人說出心裡話的時候，他們多半都會對我的坦白感到意外，並用很認真的態度看待我的問題，但他們就不會用這樣的態度對待我兄弟。我兄弟的人面很廣，但我想，他與這些人之間的交流沒像我那麼深。」

我的兄弟的人面很廣，但我想，他與這些人之間的交流沒像我那麼深。——

我的事業以「光有連結還不夠」為號召。二十多年來，我也一直以此為核心，演說和撰寫發展人際關係的專業觀念，提倡「重質，不重量」的人際交流。在人際交流上，相較於人脈的「廣度」，與人建立有「深度」的關係才是更重要的事情。

交友不廣闊的人，在需要幫助的時候可不一定就得孤軍奮戰。事實上，小而巧的人際網絡反而能提供你更強而有力的支持。

領導者的智慧

珍妮芙認為，好的管理者可以幫內向者一把，讓他們找到自己需要的幫助。

「最近我跟一家跨國藥廠的科學家談到，要怎樣做才能改變他們公司的現狀。他們說，內向者對公司的運作造成很多問題，而且開會時他們都不發表意見。這些研發人員認為，這樣的風氣會對藥物的研發造成很大的影響，因為研發藥物時，『每一個人』的意見都是他們調整藥物走向的參考值。」

「在這種情況下，領導者的智慧就很重要了。他們需要扮演釐清下屬需求的角色，問問下屬『我能怎樣支援你？』」

「頂尖的領導者會逐一與下屬建立信任感。他們不會用連鎖信、制式地關心下屬，而是會一對一的與每一個人談話，充分了解對方的處境，並給予適當的鼓勵和協助，幫助他們在職場上發光發熱。」

「其實我們都知道，內向者只是需要大家多花一點時間去了解他們。不要奢望內向者會因為你的命令做出改變，會帶人的領導者應該要懂得『帶心』，只要你讓他們感到自在，他們自然而然就會順著你的意思走。」

22

就世代來看，當代的生活模式是否改變了年輕一代的分享方式？

我在與許多專家談到「脆弱」這個議題時，都會討論到現在的職場新血對工作這件事，抱持著怎樣不同的心態和期待，以及他們會怎樣帶動整個職場文化的變化。

此刻職場上最年輕的勞動族群，就屬一九九〇年代末到千禧年初出生的Z世代和千禧世代。臉書是在二〇〇四年創立，並於二〇〇六年風行全球，這意味著對許多在二〇〇〇年之後出生的人來說，社群媒體在他們的生活中占有非常重要的地位，他們除了會在上頭記錄生活點滴，青少年時期也會以社群媒體作為主要溝通工具。

也就是說，他們的溝通方式幾乎一定會與一九四〇年代末到一九六〇年代初出生的嬰兒潮世代，還有一九六〇年代末到一九八〇年出生的X世代有很大的不同：這兩個世代在青少年時期的主要溝通工具是市話和寫信。我很好奇，這樣明顯不同的溝通方式，是否也會改變年輕一代與其他人談心的方式，所以我決定和我的姪女莎曼薩聊聊，她二十一歲。

小莎是伯明罕大學的大學生，主修人文科學（Liberal Arts and Sciences）。我跟她聊的時候，她剛好才跟同學完成一項探討年輕人孤獨感的研究。[25]他們想了解今日的年輕人是否是最孤獨的一個世代。

小莎告訴我，「我們發現，相較於其他世代，我們這一代的年輕人比較有孤獨感，部分原因可能是因為我們不再與其他人面對面說話。現在有很多人會去關注長者孤獨的議題，是因為他們常常獨居。可是，年輕人心中的孤獨感其實比那些長者還要強烈，因為我們很少有機會與人當面交談。我們都活在手機的世界裡，透過手機交流，缺乏人與人之間的實際互動。」

我們都活在手機的世界裡，透過手機交流，缺乏人與人之間的實際互動。

我對小莎的這番說法提出異議，我覺得社群媒體有助我們聯絡情感，因為過去我們很難與眾人持續保持聯繫。雖然現代人確實因為花太多時間滑手機，衍生出不少問題，但在分享心事和溝通方面，難道社群媒體沒有任何加分作用？

「就某些層面來說，社群媒體的確很棒。譬如，我之前在旅行的時候，認識了許多來自世界各地的朋友，到現在我們都還有在社群媒體上保持聯絡，但若是在三十年前，這一點大概很難做到。不過，說到聊天，在網路上聊天和面對面聊天是完全不一樣的事情。面對面聊天時，你不能收回或刪除失言，或是你不能對每句話都細細琢磨做出最佳回應；一旦那些話從你口中說出，就再也沒有撤回的餘地。」

面對面聊天時，你不能收回或刪除失言，或是你不能對每句話都細細琢磨做出最佳回應。

「在現實生活中，年輕一輩與鄰居對話的機率也大不相同。在這項研究中，我們發現，相較於那些平均年齡五十五歲的族群，年齡落在十八到二十四歲的族群，從來沒跟鄰居說過話的機率大概高了二十倍，因為我們漸漸失去了與人互動的能力。」

「我們面對面交談的能力越來越弱。在線上聊天的時候，你或許只能透過那些對話接收或傳達10%的訊息，因為很多時候，你的感覺都必須透過肢體語言或語調來表達。所以在線上聊天時，你可以很輕易地說出『我很好！』這句話，因為對方看不見你，或聽不到你的聲音，所以他們就只會接收到字面上的意思。」

「可是面對面聊天就不一樣了，當你說出這句話時，對方可以從你說話的方式，判斷你是否真的很好。然後他們可以進一步關心你，讓你說出真實的感受。現在的人不太會主動說出自己有心理健康或缺乏自信的問題，其他人也根本看不出來他們有這方面的困擾。但很多事情並非我們眼睛看到的那樣。」

社群媒體帶動的完美主義

稍早我們就已經提到，每個人在社群媒體上呈現的形象都經過美化，而年輕一輩的分享能力也深受這一點影響。因此，就自我形象（self-image）這部分來說，社群媒體也可說是最糟糕的，而且它對十幾歲的小女生影響特別大。

對小莎來說，她覺得社群媒體的興盛令她和她的朋友面臨很多挑戰，而且這些挑戰都是她父母或祖父母那一輩不會有的。它們也對現代人的溝通和相處模式造成很巨大的影響。

「長大一直都不是件容易的事。我不是說六十年前出生的人就不會有青春期的煩惱，還有經歷在那之後的一切苦澀。但社群媒體對整個社會帶來的最大改變是，從你開始玩社群的那一刻起，它就會對你的生活造成巨大的影響。我覺得我滿幸運的，因為我這個年齡層的人，並沒有在很小的時候就接觸到社群媒體。」

「我十二、十三歲的時候，臉書才出現，之後才又有 Instagram 和 Snapchat。我記得 Snapchat 開始風靡的時候，我大概是十三、十四歲。我表妹現在十二歲，她五歲時就有一支 iPhone，而且從那時候就在玩臉書和 Instagram。她從很小就暴露在社群媒體之中，並深受它所營造的那種完美主義影響。」

「現在你做什麼都會拍照，而且一定會從中選一張照片發到社群媒體上。你會看到自己因為那張照片得到幾個讚，然後你又會在某個你認識的人的社群媒體上看到，他發的照片比你得到更多的讚。這就是現在這個世代的處境，也是我們這個世代習以為常的日常。我一直要自己不要去在意那些按讚數，但我不得不說，這真的很難做到，我們完全被按讚數制約了。我們會比較在意網路上那些人的想法，卻沒有好好去思考我們是否對自己感到滿意。」

「美國和英國做過一項為期二十五年的研究，他們請大學學齡者自評自己的表現，然後再用統一的量表衡量各世代的完美主義程度。[26]研究結果發現，越年輕的世代越有完美主義的問題，而我們這個世代更是會有種『必須事事完美』的感覺。」

「這都是社群媒體造成的影響，大家會為自己訂下不切實際的超高標準，就為了讓自己不要在社群媒體上差人一等。」

關於心理健康這件事

在我告訴大家，自己打算寫這本書的同時，已經有越來越多人在談論年輕人患有憂鬱症等心理健康的議題。社群媒體帶動的完美主義，還有大家越來越講求「完美人生」的風潮，似乎是導致大眾廣泛討論這類議題的原因。對此，小莎也提出了自己的見解。

她提到，大眾對心理健康的日益關注就像一把雙面刃。「它會讓我們變得更好，也會讓我們變得更糟，因為現在有太多人在談論心理健康這件事了。在此同時，很多人也會認為，某些人根本沒有什麼憂鬱症，他們會說自己憂鬱，純粹就是為了『跟風』。」

「我的看法是，在你不了解對方的情況下，任何人都不可以對別人妄下評論。事實上，每一個人確實都有他自己要奮戰的心理健康問題。心理健康就跟生理健康一樣，你很難讓它達到百分之百完美的狀態，那是不可能的事。」

「雖然現在有一些優秀的人物，在社群媒體上發文時，會鼓勵大家分享自己不那麼美好的一面，或是與大家分享自己走過憂鬱症、焦慮症或飲食障礙症的經驗。但是，還是有很多人覺得，他們必須等自己順利度過這些關卡後，才有辦法把這些事告訴其他人。許多人在看了那些名人走過憂鬱症的經驗談後，反而會想『但你現在已經走出來了，當然可以雲淡風輕地說這些往事。』不過，也有另一群人在看了這些名人的分享後，發文表示『我正與憂鬱症奮戰，這真的是一段很艱辛的路。』而這些分享或許會讓某些默默與憂鬱症奮戰的人明白，自己並不孤單。」

「孤獨感是許多問題的病根。」

孤獨感是許多問題的病根。

23

就文化來看，文化差異是否會影響我們說心裡話和開口求援的意願？

為了好好闡述敞開心扉和開口求援的概念，我訪談了來自世界各地的人，並透過這本書，將他們的經驗彙整在一起。然而，在這個過程中我看見了一個問題：我們坦白自己缺點的意願，是否會受到生長背景的影響？

與大家討論支持網絡這個主題時，常有人會問我，文化差異對此的影響力。我必須說，文化差異一定會影響每個人建立支持網絡的方式，但就我的經驗來看，這些差異多半都僅是一些禮節上的差異，與大家的本質沒有太大的關係。你或許會覺得，西歐人比東歐人可靠，東南亞的人比較講求輩分，可是我發現，只要你單獨和這些人說過話就會明白，我們之間的共通之處其實比你想像中的多。

只要你單獨和這些人說過話就會明白，我們之間的共通之處其實比你想像中的多。

在這一章，我想探討一下，不同的文化背景對示弱這件事是否有著相同的看法。好比說，文化對分享的影響力有多大？而這當中又有多少是屬於禮節這類無關人性本質的差異？不過，我必須先提醒各位，在這裡我的介紹只簡略概述了幾個地區的文化差異，實際上，各地文化的不同之處遠比我所論述的還要博大精深許多。

示弱會被當成一種弱點嗎？

父權文化是我第一個探討的對象。在還沒訪談來自父權文化的受訪者前，我就認為父權文化應該不太能接受示弱這個舉動，因為他們以男性為尊，不只推崇男性領導者，許多漁獵之類的傳統習俗也都以男性為主力。

吉爾・皮特席爾（Gil Petersil）是位成功的以色列企業家，事業遍布全球，最近更把版圖擴展到了俄羅斯和新加坡。關於各國對示弱這個舉動的看法，吉爾深有感觸，而且他認為這些差異在各國企業家身上特別清晰可見。

吉爾告訴我，「有些國家的文化，尤其是像美國和以色列這些國家，會讓創業者深知示弱是一股強大的力量。他們知道示弱表示你願意接納旁人的指點，表示你願意聽取他人的意見，也表示你願意接受別人的幫助。」

示弱是一股強大的力量。示弱表示你願意接納旁人的指點，表示你願意聽取他人的意見，也表示你願意接受別人的幫助。

「但在俄羅斯、中東或某些亞洲國家，示弱就會被當成是一種弱點。不論你是讓其他人看見自己的脆弱、不如意或是不足，這些地區的文化多半都會以負面的角度看待這些舉動。以俄羅斯的企業家為例，他們絕大多數都不會讓別人看見自己的一絲弱點，因為他們覺得其他人會藉機踩到自己頭上。」

「這與俄羅斯悠久的民族性有很密切的關聯性，他們認為，男子漢絕對不能讓別人看見自己的弱點。這也就是為什麼有這麼多俄羅斯企業家，在碰到問題時都不願意開口，即便那些問題明明就很好解決。」

奈及利亞證券交易所的執行長奧斯卡・歐尼馬（Oscar Onyema）就看到了非洲各國之間的文化差異，同時他很確定「男子氣概」這件事深深左右了奈及利亞人的分享意願。身為一名奈及利亞人，他告訴我，「大家都會覺得非洲的國家比較保守，但如果你看到奈及利亞人，通常會覺得他們很『不一樣』。」

「因為我們有股『凡事自己來』的霸氣，但這股霸氣也讓奈及利亞人比較難做到示弱和開口求援這類的舉動。對奈及利亞人來說，有苦自己扛是一件再普通不過的事。反觀肯亞人或辛巴威人，他們在遇到困難時，就會比較願意開口請求援助。」

奧斯卡認為，不願意開口求援是奈及利亞人的大問題，這不但會導致國內的工藝水準退步，還會局限國人的成長空間。「我覺得大家幾乎都在原地踏步，每個人都變得非常被動。」他說。

「奈及利亞的工人就算在什麼也不會的情況下，也會覺得自己什麼都會。他們什麼都喜歡靠自己徒手摸索。即使培訓課程有教他們使用新工具的方法，他們也不會善用這些新技術，只會按照自己的方式去做。」

媒體企業家阿普爾瓦・普羅希特也在印度看到類似的情況，印度的傳統文化同樣大大阻礙了他們分享難處的意願。「我想印度的男性特別難做到這一點，」她告訴我，「因為這不符合印度社會對他們的期望。在印度社會中，他們的人設是負擔家計的一家之主，應該表現得跟山一樣沉穩可靠。喜怒不形於色，且面對危機臨危不亂，才符合印度社會對男性的期望。這就是印度社會強加在男性身上的框架。你可以很清楚地感受到，他們把開口求援這個舉動當成一種弱點。」

「面子」文化

另一個會大大影響眾人分享意願的文化，是亞洲社會的「面子」文化。我與西方人共事過，也與在亞洲土生土長的中國人合作過，這些工作經驗不但讓我深刻體會到兩方的文化差異，還讓我快速了解到「給人面子」的重要性。

為了更了解「面子」對亞洲人的意義，我特別向身兼哈佛校友的中國銀行家露絲・劉請教這方面的事情。

露絲告訴我，「對許多中國人來說，面子超級重要，甚至有人會把它看得比自己的命還重要。也就是說，他們寧可死，也不願讓自己丟了臉面。西方人常會把亞洲人的『面子』觀念和『自尊』畫上等號，但我認為這太簡化『面子』的意義了，對中國人來說，面子可說是代表整個家族的榮譽。」

「我知道很多非常窮困的家庭，就算沒錢給自己的孩子買飯，也要包紅包給他們根本不熟識的新人，因為結婚包紅包是他們自古以來的傳統。」

可想而知，在這樣的面子觀念之下，要做到分享自己的脆弱或難處是一件很困難的事情。露絲告訴我，「這個觀念會令人很難說出自己的真心話。遇到困難時，大家都會選擇自己埋頭苦幹，因為他們不想讓別人看到自己不好的一面。」

露絲也經歷過這種害怕失去臉面的時刻，那時候她的第一段婚姻陷入一團混亂。她告訴我，「我會跟西方朋友聊這些事，也不會覺得和他們說這些失志的事有什麼不自在，因為我知道他們不會評斷我。但我就不會對中國的親友說這些事。我不能告訴我的媽媽或其他人『我搞砸了我的婚姻』，因為他們無法接受這類事實。」

我會跟西方朋友聊這些事，也不會覺得和他們說這些失志的事有什麼不自在，因為我知道他們不會評斷我。但我就不會對中國的親友說這些事。

「和西方朋友談心的時候，我能真切感受到表達真實自我的力量。就短期來看，表達真實的自我或許會讓你覺得沒有面子，但就長期來看，這個舉動為你帶來的利絕對大於弊。」

身分認知的包袱

新加坡作家溫蒂（Wendy Tan Siew Inn）認為，亞洲文化的「謙卑」觀念，是令企業家和領導者難以向其他人求援的另一項原因。她告訴我，「我認為亞洲人對『謙卑』這件事有點雙重標準。」

「亞洲文化認為，謙卑就是要懂得虛心受教。因此在這個前提下，開口求援是一件再普通不過的事情。不過，萬一這個人自認是個專家，或被其他人看作是組織中的領導者，那麼他們在遇到困難時，可能就會因為面子問題，比較難向其他人尋求幫助。亞洲社會對領導者這個角色，多半還是抱持著他們應該無所不知，凡事都能化解的期待。」

「我會建議領導者跳脫這個框架，去找他們信任的人商討，然後利用那些人給予的意見理出自己的一套策略，再以這套策略去帶領他下面的人。」

這種會因為身分認知，只願向比自己更年長、更資深或更有智慧的人請益的觀念，並非只存在於中國文化。奧斯卡提到，非洲人在尋求幫助時，同樣會因為這樣的身分認知產生很大的包袱。

他告訴我，「在奈及利亞，如果你是施予的那一方，別人就會覺得你比受惠的那一方更優秀。在尋求幫助時，大家通常都會跟比自己更強大或富裕的人開口。」

這個現象跟我們在第六章提到，由約翰・詹姆森主導的前導研究結果有些出入，在那項研究中他們發現，高階主管比較能自我關懷，而這一點也令他們比較能夠展現自己脆弱的一面。

如果你進一步去探究這兩種現象的細節，或許就會發現它們之間其實並沒有所謂的矛盾，而是呈現了一種文化上的差異。在詹姆森的研究中，職位高的人似乎比較不會對開口求援這個舉動感到遲疑。這可能顯示，某些文化比較鼓勵這種碰到問題大家一起討論的風氣，但某些文化就偏好用比較封閉的方式解決問題。

說心裡話的條件

說到德國人，大家通常都會認為他們講話非常直接，而在我認識的德國人之中，永續領導力（Sustainable Leadership）的專家尼爾斯・布拉本德（Niels Brabandt）大概是說話最直接的一位。尼爾斯是一位寡言的男子，但說話非常直白，鮮少拐彎抹角。我很好奇他是否認為自己的說話方式很「德國」，也想了解他對開口求援這件事有什麼樣的看法。

尼爾斯告訴我，雖然他可以看見世代的轉變，也知道現在有越來越多人願意公開對外尋求幫助，但基本上，大家的求援對象還是以家人和摯友為主，不會把這些事攤在大家眼前。尼爾斯說，「十個德國人中就有九個認為，公開對外求援是個軟弱的舉動。」

「我絕對不會這樣做，就算我跟某個客戶的關係很好，我也不會對他說『我的事業遇到瓶頸，需要有人拉我一把。』我覺得這樣做，會讓我無法在客戶面前保有專業形象。可是我會對家人或朋友說，但僅限那些與我關係親近的親友，我不會昭告天下，讓那些泛泛之交也知道我的處境。」

尼爾斯常與英國客戶合作，也觀察到在開口求援這方面，英國人和德國人有很大的不同。「就我看來，英國人的態度開放許多。德國人的個性非常嚴謹，尤其是像我這種在德國北方長大的德國人。沒有人會用『健談』這個詞來形容我們，我們只會跟特定的人說話，對自己說出口的話也會字字斟酌，所以我們在處理自己遇到的困難時，多半會用比較封閉的方式尋求協助。我說話的直白程度跟雙方的熟悉度成正比：在對方越了解我，我越了解對方的前提下，我說話的方式就會越直白。這是非常德國北方人的說話風格。」

一旦尼爾斯以非常直白的方式向其他人請益，他就會希望對方也能以同樣直白的方式給予他意見。他不需要對方用迂迴的「三明治讚美法」給他意見（英國和美國比較喜歡用這種「讚美—批評—讚美」的方式給對方意見），他只想要對方用一針見血的方式給他能立刻行動的意見。

「我想要對方挑戰我的想法。我告訴他們我的想法，絕對不是為了聽他們說它有多好。基本上我會把這個想法告訴他們，就是因為我覺得它非常棒。因此，當我想要從其他人身上得到一些反饋時，我都會直接告訴對方，『你不用告訴我你喜歡它的哪個部分，你沒提到的部分我都會把它當成沒有問題，你只要告訴我，有哪些部分我需要改進。』」

溫蒂認為，在尋求和提供幫助這一塊，亞洲人跟德國人的原則類似。亞洲人也是這樣，與對方的感情越深厚，就越能自在地互助，尤其是在主動伸出援手這方面。我想，在這個世界的其他地區，一定也有其他文化是以此作為互助的基礎，但很多時候，這樣的互助都會被看成是一種「利益交換」，而非純粹的「情義相挺」。

「以中國文化的背景來說，我會說亞洲人的互助基礎確實與彼此的信賴程度息息相關。尤其是在主動提供幫助時，我們多半會在心中自問：『我跟對方的關係有好到可以主動給他一些意見、反饋或建議嗎？』」

「中國文化有個觀念叫『包容』，意思是接納其他人的缺點。如果從離婚率來看，你會發現西方的離婚率比較高，因為他們對自己的立場比較堅定，反觀亞洲人，我們就比較能夠容忍彼此的差異。」

中國文化有個觀念叫「包容」，意思是接納其他人的缺點。

「有時候維繫雙方之間的關係和責任感，比堅守自己的權利或追求自我的自由還要重要。我們願意接受對方原本的樣貌，或者說，我們願意包容或接納對方與我們不同的部分。」

賽佩爾・塔維迪安（Sepehr Tarverdian）是一位經驗豐富的活動策展人，身為伊朗人，他的業務範圍遍布中東。賽佩爾告訴我，伊朗人在幫助人的時候會想很多，尤其是在事業方面。「伊朗人不太願意開口尋求支持，他們凡事都想要自己來。我自己也很少聽到伊朗人開口請人幫忙的例子，因為大部分的伊朗人都不會對別人伸出援手。因此，我在碰到困難的時候，也會自己想辦法解決，不會對任何人開口。」

我們都是一家人

在訪談的過程中，我發現大家都很強調「家人」的重要性。在某些文化中，他們口中所說的「家人」，就是字面上的意思，只涵蓋那些與他們有血緣關係的人；但在另一些文化中，「家人」也包含那些與他們長時間相處，卻沒半點血緣關係的人。然而，不論你對家人的定義是什麼，絕大多數人在尋求意見和支持時，第一個想到的對象就是家人。

對西伯利亞人娜塔莉亞・蔻納賀娃而言，家人的定義絕對是前者。「俄羅斯的傳統文化很重視家庭。」娜塔莉亞告訴我。「俄羅斯人和西方人最大的不同之處就是，我們碰到問題時，不會先去找專家幫忙。如果你碰到問題的時候，第一時間是跑去找專家幫忙，例如治療師，其他人會覺得你的舉動非常不得體。」

「我們會覺得你應該先跟你的父母談談。我們通常會跟家人住得很近，以我為例，我姊妹就住在我隔壁。這在俄羅斯是很稀鬆平常的事。即便我們必須搬到比較遠的地方住，我們也會盡可能帶上父母。」

儘管現在的俄羅斯人可能還是很重視家庭，但娜塔莉亞認為在蘇聯解體之後，俄羅斯人對「非家人」的態度出現了很大的轉變。她提及資本主義改變了俄羅斯人的行為舉止，讓他們與「非家人」之間的關係不再如以往那般緊密。事實上，我聽說其他由蘇聯獨立出來的國家，也有同樣的現象。

「以前的俄羅斯人開放許多，人人都知道隔壁鄰居家裡發生了什麼事，認識自己的左右鄰居，家裡的門也從不上鎖。但資本主義流入俄羅斯之後，大家的想法和舉止都變了。他們替自己畫了一個圈圈，只跟一小群非常信任的人保有這樣緊密的關係。」

吉爾認為目前的俄羅斯文化需要改變，也希望看到俄羅斯人用更開放的態度對待家人以外的人。他告訴我，「一般來說，你會發現俄羅斯人對家人非常坦誠。他們通常會將自己的母親當作人生導師，把自己的姊妹當作人生摯友。」

一般來說，你會發現俄羅斯人對家人非常坦誠。他們通常會將自己的母親當作人生導師，把自己的姊妹當作人生摯友。

「俄羅斯文化能一直保有這種對家人毫無保留的傳統是件好事，但在你面臨人生的艱難抉擇時，它不一定是你尋求支援的最佳管道。今日年輕一代的俄羅斯人更是要特別明白這個道理。這些年輕人的生活天天繞著規畫未來和做自己打轉，但對他們生活在蘇聯時代的父母來說，他們過去根本沒想過，也不能想這些事情。」

關於資本主義對俄羅斯的影響，吉爾與娜塔莉亞的看法不太一樣，他覺得資本主義反而讓原本奉行共產主義的俄羅斯，在與其他國家交流後變得更加開放，而且這方面的影響在大城市尤其明顯。「在共產主義之下，你只能對眼前的一切全盤接受，因為凡事都沒有商量的餘地，所以你不需要特別去建立什麼人際關係，也不需要刻意去培養什麼新的人脈。」

「此刻在莫斯科和聖彼得堡這樣的大城，隨處可見長居或造訪當地的外國人。透過這些外國人在當地的置產和投資，俄羅斯人也在與這些外國人交流的過程中，漸漸沾染了其他國家的文化，行事作風不再那麼封閉。」

雖然我在稍早的段落提到，我們之間的共通之處或許比你想像中的多，但不可否認的是，我們之間確實還是存在著一定的差異性，而且就算是同一個國家的人，也可能因為地域的關係發展出不同的文化。就如奧斯卡、賽佩爾和露絲所說，各個國家和地區的文化之間都有著很大的不同之處。以娜塔莉亞和吉爾為例，他們對俄羅斯文化的感受之所以會如此不同，或許跟他們所處的城鎮有很大的關聯性——娜塔莉亞在西伯利亞生活，吉爾則在莫斯科和聖彼得堡活動。

以我個人的經驗來看，我敢說，就算是在英國這樣國土不大的國家，也存在著這類因地域而衍生的文化差異。我訪問菲爾・迦納的時候，他就跟我說過，北英格蘭人和南英格蘭人的行事風格有很大的不同。另外，我也認為在分享方式這一塊，家庭背景、教育程度和人生經歷的影響力，可能就跟你的出生地和生長地一樣大。因此，你在向其他人尋求幫助，或鼓勵其他人說出自己的難處時，一定要顧及這些差異性，明白對方對怎樣的方式感到自在。

如果你想請你人際網絡中的某個人幫你，或是想主動對他提供幫助，一定要先了解他們在這方面的意願。文化或許是影響他們意願的其中一項因素，但絕對不會是唯一的因素。諸如他們的內向程度、過去經歷（大部分都是一些你不太可能知道的事情）、教育程度和成長背景等，都會左右每個人在這方面的行事作風。

沒錯，我們都有自己的一套行事原則，但在此同時，我們也應該懂得尊重某些文化的傳統，用對方感到自在的方式去對待每一個人。

第6部

穩步向前

24

阻礙分享的原因有哪些，對此我們能做些什麼？

你或許會認為，在這個世界上，開口向其他人尋求幫助和支援是一個再自然不過的舉動。畢竟人類本來就是一種群居動物。我們的行為一直都是繞著群體打轉，絕大多數的人也都會想從其他人身上得到慰藉。既然如此，為什麼有些人在面臨重大的挑戰時，卻寧可自己咬牙苦撐，也不願意開口呢？

為了理出這箇中的原因，我特別請教了喬漢娜・詹姆森（Johanna Jameson）和琳達・蕭（Lynda Shaw）博士，她們一位是芝加哥的合格臨床諮商師，一位是英國的腦神經學家暨商業心理學家。

喬漢娜認同我對人類的看法，認為我們是一個講求「連結」的物種。她告訴我，「想要與其他人建立連結、想要被愛，或想要有個人分享生活中的大小事，都是非常符合人性需求的渴望。甚至你也可以說，這就是我們的生存之道。我們都在追尋一種歸屬感，不論是在社會、在家庭或在職場，我們都希望自己不要顯得格格不入。這是我們處世最基本的原則。」

我們都在追尋一種歸屬感，不論是在社會、在家庭或在職場，我們都希望自己不要顯得格格不入。

琳達也認為人類是一種群居動物，但她憂心我們目前的生活方式，正在讓這項人類天性悄悄地「集體出走」。琳達指出，從那些日益減少的傳統社區中我們可以看見，現代人的生活模式已經粉碎了許多社區應具備的支持網絡。上一章我們有提到娜塔莉亞在西伯利亞生活的體悟，而她的體悟也呼應了琳達在其他地方看到的現象。

「現代人的關係比較疏離，因為你不會像我們以前那樣，一大家子住在一起，也不會像我們以前那樣，父母出去賺錢養家，小孩子就由同住一個屋簷下的祖父母照顧。以前的德國人會因為下一代成家立業，不斷擴建房舍，但現在你再也看不到這種景象。」

「在英國，即便是在注重家庭的印度和巴基斯坦社區，家人之間的連結也越來越疏離。這兩個國家的移民原本都遵循傳統，家人之間有著非常強的凝聚力，但現在他們的孩子在成年後都必須離家工作，而這樣的現實也讓他們之間的關係漸漸不再像以往那樣緊密。」

「世界上只有五個被稱為『藍區』（Blue Zones）的地方，持續保有傳統社區的樣貌。[27]它們分別是日本的沖繩、義大利的薩丁尼亞島、哥斯大黎加的尼科雅半島、希臘的伊卡里亞島，以及加州的洛馬林達基督復臨安息日會社區。至今他們仍過著五代同堂的大家庭生活，且一家大小都身強體健，沒有心臟病、失智症或高血壓等文明病。許多科學家頻繁造訪這些社區，就是為了找出他們活得如此健康的原因。」

「其中一個重要原因是，他們每天都會一起吃頓飯。科學家發現，他們之間有非常穩固的社會連結（social connection）。我們本來就應該相互扶持，不應該過著離群索居的生活。」

當代的生活模式

所以，到底是什麼原因改變了我們的天性？我們不再聚在一起生活，不再尋求社區網絡的支持，真的是當代生活模式的壓力使然？還是另有原因？

這不是一個可以一言以蔽之的問題——當中牽扯到很多因素——但對我們的傳統支持網絡來說，二十一世紀的生活模式肯定沒有加分作用。

喬漢娜在了解了藍區的生活模式後，發現它和她的家鄉芝加哥的生活步調完全相反。「伊卡里亞島有個『無時之島』的封號。因為他們不看時鐘過日子，他們的生活完全按照自己的步調安排。」

對我們的傳統支持網絡來說，二十一世紀的生活模式肯定沒有加分作用。

「反觀芝加哥，大家的生活永遠都被時間追著跑。你會無暇與眼前的人好好相處，一直惦記著等下開會的事情，手機也會講個不停。在伊卡里亞島就不會出現這樣的景象。他們會坐下來，與鄰居好好喝杯茶，充分交流彼此的情感。現代社會的生活步調，確實不允許我們像他們那樣聯絡感情。」

琳達告訴我，一旦我們離家獨立生活，就會花比較多時間在工作上，而我們會變得習慣靠自己解決問題，也與這件事息息相關。她承認她自己就是這樣的人。

「這一切會很自然的發生。碰到問題時，你會自然而然地先自己想辦法解決，不會想要先問問別人能不能幫你一把。我就是這樣。如果我碰到什麼大麻煩，我不會想要找個人談談，看要怎麼解決它，我只會自己設法解決它——等一切搞定之後，我才會和其他人談到這件事。」

罪惡感

請教琳達阻礙大家分享的原因時，她提到了兩個我從未想過的因素，但我覺得這兩個因素都非常有道理。

琳達告訴我，「除了羞恥感，罪惡感也會令人不願開口。佛洛伊德說過，構成憂鬱的其中一項元素就是罪惡感。我們會談到這一點是因為，現在有腦神經學家也在憂鬱者的身上看到了很明顯的罪惡感。」

「有憂鬱症的人常常會認為自己沒有理由憂鬱，並因此萌生罪惡感。那些自認從小養尊處優、衣食無虞的憂鬱者，更是容易有這種狀況。他們會把自己跟那些曾過過苦日子，卻沒得到憂鬱症的人相比，然後在這樣的想法裡苦苦掙扎。」

喬漢娜也有同感，而且這樣的情況每天都在她的診間裡上演。「有些人根本無法靠自己的意志力對抗憂鬱症，因為他們是腦袋裡的化學物質出了狀況。就如琳達所說，他們自己也知道有些人走過的路比他們還艱辛，但那些人後來卻沒有跟他們一樣受憂鬱症所苦。」

「大部分找我諮商的人，都會對我說『我很抱歉，為了這點小事來麻煩妳，浪費妳的時間了。這其實沒什麼大不了的，我知道有人的日子比我苦多了。』我想這是一個值得討論的地方，因為許多人認為：世界上多的是比你還苦的人，所以你必須咬牙挺過眼前的難關。」

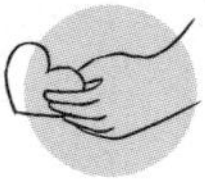

我想這是一個值得討論的地方，因為許多人認為：世界上多的是比你還苦的人，所以你必須咬牙挺過眼前的難關。

「這或許就是另一個大大影響我們分享意願的因素。大家在碰到任何重大難關時，都會對自己說『我有什麼理由開口？我應該要能夠自己解決它，因為與身邊其他人的狀況相比，我的狀況好像也沒有那麼糟。』」

擁抱自己的不完美

誠如我們在這本書看到的許多故事，尤其是在堂娜和佩吉恩那樣的故事中，我們更可以清楚認知到，我們在生活中做出的每一道決定，都是來自生活中的學習。我們會不斷從過去的歷練中汲取經驗，而這些經驗也會左右我們未來的一舉一動。不論是喬漢娜還是琳達，她們都認為，我們不願意開口求助的原因中，有很大一部分都與這些過往經歷脫不了關係。

為了說明這一點，喬漢娜舉了一個極端的例子（但遺憾的是，這樣的例子並不罕見）。「我們常在受虐兒童身上看到這樣的狀況。他們在愛和情感上受到了傷害，所以他們會覺得，讓別人看到自己的脆弱，或是主動和其他人建立連結是一件壞事。因此，在他們長大成人之後，就會避免做出這類舉動。」

「站在諮商者的立場來看，你會發現這樣的影響不分年齡；那些恐懼不只可能源自童年的某段經歷，也可能源自成年後的某個事件，像是得到了某個夢寐以求的工作，然後又失去了它。」

要幫助這些人走出這些經驗所帶來的影響，喬漢娜和琳達這類專家除了會設法提升他們的自我價值和復原力，還會巧妙地重組他們的記憶和思考邏輯，引導他們把那些記憶的負能量轉換為正能量。

「我在替人諮商時，」喬漢娜說，「一定會先帶著他看到自己的可取之處。這件事不見得要是什麼大事，或是特別的事。好比說，我會問他『你明知道今天要打一場硬仗，但你早上還是從床上爬起來了嗎？』沒錯，我要他看到的，就是這麼小的一件事，但不管這件事有多小，只要它是件好事，他就必須看到它。」

從第六章提到的那個前導研究中，我們可以看到，自我關懷的能力會怎樣影響受試者開口求援的意願。喬漢娜和琳達與我分享提升復原力的方法時，也一直把重點放在增加自我關懷這一塊。

琳達解釋，「如果你懂得自我關懷，享受作為人的一切，我覺得你就容易對其他人產生同理心。一旦你能對其他人有同理心，就會漸漸看清許多事情。你會明白，其實沒有人是完美的。從我們意識到這些事情、懂得無條件喜歡自己的那一刻起，我們就會變成更好的人，同時也會更願意與其他人交流。碰到困難的時候，我們會懂得開口，因為我們不會再把它看成是什麼不堪的舉動。」

你會明白，其實沒有人是完美的。從我們意識到這些事情、懂得無條件喜歡自己的那一刻起，我們就會變成更好的人，同時也會更願意與其他人交流。

我們應該跟誰分享？

本章的開頭，我提到了群居生活、互相分享是人類的天性，還有這項天性可能怎樣漸漸消失。儘管如此，我們在第二十三章，以文化為出發點，探討各地區的分享方式時，還是可以看到，相較於其他人，大家會比較願意與家人分享自己的煩惱。但我很好奇，在分享這件事情上，陌生人能不能成為一個傾訴對象？

琳達和喬漢娜都表示，她們不會對完全不認識的人傾訴內心最深處的脆弱，而且她們身邊都有一群信得過的親朋好友。不過，她們倒是都不約而同地認為，無論你是否有臨床上認定的心理疾病，在分享這件事上，心理治療師都能扮演一個很重要的角色。

喬漢娜告訴我，「不是只有被確診為罹患憂鬱症或躁鬱症的人，才可以去看心理治療師。生活很不容易，我們每個人天天都在與生活中的大小事奮戰。有的時候，你一定會碰到一些想找人談談，但不適合和朋友談，也不適合和家人談的事情，因為你需要的是一份不帶任何預設立場的客觀意見和支持。也就是說，在這些時候，你或許就無法靠著身邊親友的幫助度過難關。」

「由於每個人的經歷大不相同，所以有的人可能會跟你說，你可以靠自己的力量度過那個難關，但實際上，這真的只有當事人自己知道，當事人知道那個問題對他來說有多困難。」

每個人的文化背景，同樣會影響他們對心理治療師分享的意願。依我個人之見，美國文化似乎比其他文化更能接受去找心理治療師談談的舉動，並覺得這是一件稀鬆平常的事情。相反地，從娜塔莉亞在第二十三章的言論來看，俄羅斯人就認為，找心理治療師談談的舉動非常不得體。

喬漢娜承認，大眾與心理治療師分享的意願確實會受這些因素影響。「我覺得，大家對這件事的接受度真的是因人而異。我總是會對某些人跟我分享的事情感到驚訝，而且他們都會跟我說『你是第一個讓我說出這件事的人』之類的話。」

琳達則認為，有時候把具有專業心理知識的陌生人當作談心的對象，有助你保有某部分生活原有的平衡。

「就心理層面來看，每個人對家庭都設有一個既定、不願變動的形象。因此，有人會覺得跟家人談心比較自在，但也有人會覺得跟陌生人談心比較自在。對後者來說，他們會比較喜歡跟那些以心理諮商為業的人傾訴，因為他們之間沒有任何情感的羈絆，他們之間的關係也不會因這些傾訴受到任何影響，這一點在家人之間就不一定做得到。」

25

我們分享和表達真實自我的風氣或需求，將如何受科技影響？

從呈現赤裸或完美世界的社群媒體平台，到瞬息萬變的商業模式，都讓我們清楚看見，科技會是鼓勵我們敞開心胸的關鍵工具。快速演進的科技會對所有人帶來影響，而且除了個人，它也會影響組織和各種群體的運作方式。

我請教了三位預測經濟走向和人口趨勢的專家，想聽聽從他們的角度來看，近日的這些發展是如何影響我們，還有未來有沒有可能繼續以這樣的方式對我們造成影響。

南非的葛瑞米・柯德林頓認為，社群媒體是改變我們社交方式的一大要角；而社會風氣的日益開放，就是他看到的最大改變。他告訴我，「網路和社群媒體的『透明』是造就這個轉變的其中一個原因，我覺得從好的一面來看，它能讓我們對彼此多一些了解。舉例來說，我們可以對同事私底下的面貌有更多認識，因為你可以追蹤他們的臉書。」

「透明度的提升也可以讓大家意識到，自己不是唯一一個碰過某種問題的人。這意味著，大家在碰到某些問題時，也會因此變得比較願意和自己的同事談談。」

透明度的提升也可以讓大家意識到，自己不是唯一一個碰過某種問題的人。

「儘管大家不見得都會把自己的問題丟到社群媒體上討論，但相較於二十年前的社會風氣，現在的人通常能比較安心地談論憂鬱症或其他方面的問題。不過從另一個面向來看，這樣的透明也會擴大網路霸凌的殺傷力。水能載舟，亦能覆舟。有些人會因為這樣的透明讓別人看見自己的脆弱，然後又會因為這些脆弱受到強烈的攻擊。所以你也可以說，網路和社群媒體帶來的好與壞非常兩極。」

適應不斷變化的世界

全球未來學家羅喜特・托沃爾（Rohit Talwar）認為，科技正在主導整個世界的運作方式，而政府和企業的領導者也必須改變他們的思維。不懂得示弱不單單會對個人造成問題，它也會對組織造成影響。

「近年來科技對管理系統和市場帶來的變動，已經讓許多領導者大受衝擊。」羅喜特說。「我們看見許多政府和企業都在努力適應這樣的變化，甚至有不少企業不敵變化，就此倒閉。」

「領導者必須懂得虛心受教，承認自己一點都不了解那些改變他們事業版圖或導致客群流失的不同思維、商業模式和科技。學會承認自己的無知是我們的一大課題。」

領導者必須懂得虛心受教，承認自己一點都不了解那些改變他們事業版圖或導致客群流失的不同思維、商業模式和科技。

「人工智慧（ＡＩ）這類科技即將對我們的世界造成極大的挑戰。人工智慧的發展相當迅速，未來的潛力也越來越明朗。任何對此毫無作為的組織，都會把自己置於風險之中。就跟許多迅速蓬勃發展的科技一樣，人工智慧勢必會滲透我們生活的每一個層面，所以我們一定要去了解它、接納它，對它做一番沙盤推演，了解它可能造成的各種影響。」

「這樣的作為其實很需要放下身段——因為我們必須去向自己的員工、合作夥伴和持股人解釋，我們為什麼必須這麼做，並由上至下地帶動大家投入更多的時間去學習這一塊。但這樣的舉動並不軟弱，它反而能讓你展現出一股深厚的力量，因為你願意承認自己對某件事的無知，並持續學習。」

曾是ＩＢＭ全球管理合夥人的安德魯・格里爾也在職場上看到了這樣巨大的變化，但他認為，科技能幫助企業找出那些習慣把苦都往自己肚裡吞的員工。

「現在很多人都有配戴健康智慧手環，差別可能只在於我戴的是 Fitbit，你戴的是 Apple Watch。」安德魯有感而發。「其實我們早就以這種方式與人工智慧共處，讓它監控我們的狀態，告訴我們，『我們認為你今天的狀態不太好』。以後這類手環如果成了企業了解員工狀態的小幫手，那麼就算你嘴巴上說『我很好』，這項科技也會給你的主管發個訊息，告訴他，你今天的狀態只有平常的50%。」

「我自己現在就常利用這項科技了解自己整體的狀態。除了配戴 Fitbit，我還下載了好幾種應用程式幫助我記錄生活中的各種狀態。像 Gyroscope 這個應用程式還能替我把一切統整在一起，例如我用了多久的電腦、去了哪裡，它甚至會每天問候一次我的心情狀態。」

「身為人類的一員，我不認為我們的本性有辦法改變，我們一定還是會持續認為，讓別人知道自己過得不好、不開心是一件不好的事。但或許我們可以利用這項科技，巧妙地告訴其他人，我們需要協助，或我們的狀態不太好。」

或許我們可以利用這項科技，巧妙地告訴其他人，我們需要協助，或我們的狀態不太好。

許多人一定會對這樣的情況感到不自在，也會對資訊的分享程度和數據的應用方式有許多顧慮。相較於以往，現在的政府和大型組織能從更多管道獲取大眾的個人資訊，而羅喜特認為這必然會在未來造成某些巨大的負面影響。

「中國用科技推行了很多好事，但同時，也用這項科技做了一些我們應該思考的事情。他們在中國各地推動的『社會信用評分制度』就是一個很好的例子，這項制度會依據每個人有無做『對的事』，來對每一個人打分數。」

「這不禁令你開始擔心，這樣二十四小時貼身監控的科技，在未來是否會淪為一種侵犯人身自由的工具。另外，大家展露脆弱或好奇心的意願，或許也會因此降低。你可能會發現，用非常狹隘的規範去約束每一個人的舉止，成了許多政府和企業的常態。我認為這樣的現象不但會使整個社會的創造力和想像力越來越差，大眾表達自我和隨機應變的能力也會越來越弱。」

26 開口求援的原則

這一路上，我們看到了來自世界各地的故事，有職場上的經驗談，也有人生歷練中的深刻體悟。不過，這些故事其實都有著同樣的脈絡。

從中我們可以看見，人際網絡能怎樣支持大家度過難關、我們有多容易把自己偽裝成無懈可擊的樣子，還有接納自己的不完美有多麼重要。如果我們允許其他人援助我們，就可以讓自己好過一些；如果我們能夠齊心鼓勵其他人打開心扉，就可以成為他們的靠山。

話雖如此，但開口並不是一件容易的事。在這本書即將結束之際，我在這裡為你整理出了開口求援的十大原則，希望它們能在這條路上助你一臂之力，讓你在需要幫助的時候，不但開得了口，也能順利得到支持。

原則1：釐清你開不了口的原因

我們不想成為其他人的負擔——不想造成別人的麻煩，大概是我們開口的最大阻力。好吧，讓我來問你一些問題。你上次幫助你關心的人是什麼時候？如果你有順利幫到他，你又有什麼感覺？

每次我在演講和研討會中拋出這些問題，大部分的人都會對第二個問題給予很正面的回應，像是他們覺得「很棒」、「很快樂」、「很開心」或「棒呆了」。

由此可知，我們會因為助人感到快樂，但我們卻因為不想成為負擔，而不願意開口幫幫自己。你看到這之間的矛盾了嗎？碰到困難時，不向信賴和愛我們的人開口，就形同我們剝奪了他們享受這份快樂的機會。

碰到困難時，不向信賴和愛我們的人開口，就形同我們剝奪了他們享受這份快樂的機會。

我們不想要被看成是弱者——如果你擔心開口會使你的形象扣分，可以調整一下開口的方式。譬如，你可以不要告訴他們你毫無頭緒，而是告訴他們，你已經有一些想法，但想聽聽看他們有沒有什麼其他的想法。又或者，你可以不要告訴他們你做得很辛苦，而是告訴他們你覺得自己可以做得更好，希望他們可以給你一些意見。

同時切記，勇於開口求援是一種很有力量的舉動，一點也不軟弱。

我們認為對方不能或不願伸出援手——有很多原因都可能讓對方拒絕你，不過這些原因絕大多數都與你無關。他們會拒絕幫助你，很可能是因為他們太忙了、正在幫助別人，或是覺得自己沒有辦法幫到你。事實上，如果你是向認識你、喜歡你和信賴你的人開口，他們會拒絕你，絕大多數都是另有苦衷而不是針對你。

原則2：卸除偽裝

如果我們想把自己的潛力發揮到極致，就要把自己的自尊心放到一邊，讓別人幫助我們。你必須接受自己可以犯錯，任何人也都可以犯錯的事實。

在第十五章我們曾提到一項由哈佛商學院發表的報告，我對該研究的發現大感意外，因為它指出，跟只分享成功經驗的人相比，同時分享了成功和失敗經驗的人比較能贏得眾人的好感。他們告訴我，領導者若不願分享自己的苦痛，他們的下屬就看不見他們為自己的成就付出的努力。

原則3：不要給對方非幫你不可的壓力

做好別人說「不」的心理準備，而且不要覺得他們是不喜歡你或是不想幫你。同時要以開放的態度接納對方直白的回饋，或傾聽那些令你感到不舒服的事情。

做好別人說「不」的心理準備，而且不要覺得他們是不喜歡你或是不想幫你。

你要非常清楚自己需要怎樣的幫助，如果覺得對方會錯意，你也要勇於將討論的方向拉回正軌。只要你懂得尊重你自己，也懂得尊重幫助你的人，你應該都能與他們展開一段直言不諱的對話。

我們除了可以讓其他人用自在的態度幫助我們，也可以讓大家對互助這件事感到更自在。不論是在朋友之間、社區之中，又或是職場之上，我們都可以讓開口求援這件事變成一件平凡的事，讓每一個人在做這件事時都能知道，自己絕對不會因為這樣的舉動被人指指點點。

如此一來，幫助你的人不只不會感到壓力，還會因為助人而感到快樂。

原則4：坦露內心最真實的一面

我覺得與其把「坦露內心最真實的一面」這句口號掛在嘴邊，倒不如好好去了解為什麼現在大家這麼強調這件事。

如果你發現自己遇到了什麼困難，不要悶在心裡，請讓其他人知道你真實的狀況。假裝自己很好的麻煩是，你只會讓這個問題變得更沉重、更難開口。一旦你不再因為別人的眼光把一切都悶在心裡，你就可以把心力全都放在該怎麼解決問題上。在這個世代，社群媒體似乎一直要我們展現生活最美好的一面，努力營造自己過著完美生活的形象，但實際上，呈現我們最真實的一面，反而能為我們帶來更多的力量。

原則5：不要把開口的時間拉得太長

你把事情拖得越久，你就把自己的坑挖得越深。不要扭扭捏捏，如果你需要答案、想法或支持，就開口去問。

有個簡單的舉動可以幫助你追蹤自己尋求幫助的進度，那就是每個月做一次記錄。找出你當時面臨的最大挑戰，想想你認識的人當中，有誰可能可以提供你寶貴的意見。誰有與這個問題相關的專業、經歷、人脈，或是能對此提出不同的見解？你想到的人或許只有一個，也或許有三、四個。告訴他們你很重視他們的意見，他們一定會受寵若驚，而且我敢保證，他們一定會很樂意幫助你。

原則6：認清自己該向誰開口

有時候我們會覺得和陌生人談心比較容易，這可能是因為我們不必顧慮彼此的關係會因此產生變化。然而，從這本書的內容我們可以很清楚看到，絕大部分的人還是會覺得跟自己熟識的親友談心比較自在。

我會建議你替自己打造一群強大的智囊團，你不僅要能夠信任這些人的意見和判斷力，也要能夠在需要的時候毫不遲疑地向他們求助。我認為，我們通常都可以感受得到，能讓我們自在說出心裡話的人有誰。

我會建議你替自己打造一群強大的智囊團，你除了要能夠信任這些人的意見和判斷力，也要能夠在需要的時候毫不遲疑地向他們求助。

除了從身邊的親友選出你願意分享的對象，你也可以考慮建立一些正式的支持網絡。不要低估導師、智囊團或夥伴的力量。這些與個人或團體建立的正式支持關係，不只會給予你支持和意見，還會幫你盯進度。

沒錯，除非你們之間是正式的指導／夥伴關係，否則千萬不要因為你幫過他們，或他們幫過你，就期望對方一定要幫你。人際網絡中的關係不是單純的雙向道，有時候你給予某個人的支持，可能會讓你從你人際網絡中的另一個人身上得到回報。這就是支持網絡的力量，在彼此需要的時候，你或他們「願意」提供對方幫助，才是最重要的事情。

建立這樣的支持網絡真的很重要。人與人之間的關係需要時間培養。你與你的支持網絡有越深厚的關係，他們就越願意幫助你，也越知道什麼樣的意見適合你。

請不要只跟想法與你相近的人處在一起。我們需要跳脫同溫層，從截然不同的觀點看事情。

原則7：請教有類似經驗的人

徵詢各方的意見或許能增廣你的眼界，但能向懂你的難處，也有過類似經驗的人請教，可以讓你得到非常寶貴的建議。

原則8：為自己的決定負責

「你的團隊是能夠在一旁支持你，但在拳擊場上，你就只能靠自己戰鬥。」

採訪比利・施威爾時，他非常清楚地告訴我一件事：你可以廣納各方的意見和經驗，但最終就只有你必須為你自己的決定負責。

對於你應該怎麼做，其他人都會有自己的一套看法（而且立場通常非常鮮明）。你可以好好傾聽他們的說詞，並細細思量其中的道理。有時候你說不定還會從不同的人的口中，聽到不少相互牴觸的意見。這沒有什麼關係，就把它們當作是你研究下一步的資訊即可。這些意見的優、劣，還有哪一種方法最適合你，統統都要由你自己評估。最終，做出決定的人也是你。

就如伊凡・米湜內所說，「你就是掌舵你這艘船的船長。每一位優秀的船長在航行時，都少不了好的船員來輔助他們，但整艘船該航向何方，就是船長的責任了。」

原則9：用正面的角度看事情

在你覺得自己需要幫助的情況下，看事情的角度很可能會比較負面；裝了半杯的水，你會把它看成是一個半空的杯子。雖然要做到這一點很難，但如果你能改變看事情的角度，把裝了半杯的水，看成是一個半滿的杯子，就會發現問題好解決很多。

如果你能改變看事情的角度，把它看成是一個半滿的杯子，就會發現問題好解決很多。

我對智囊團成員設下的其中一條黃金準則是：其他成員對你的問題提出建議時，你只能用「謝謝」這兩個字回應他們。這個原則是為了防堵我們的本能：我們心中似乎都有個聲音，只要別人一提出什麼建議，就急著反駁那樣為什麼行不通。

我們常會發現自己呈現一種「光說不練」的狀態，然後讓自己漸漸習慣那種被問題綁手綁腳的感覺。要找到有效的解決方案或許需要耗費極大的心力，但它也可能帶來巨大的回報。

我們常會發現自己呈現一種「光說不練」的狀態，然後讓自己漸漸習慣那種被問題綁手綁腳的感覺。

如果安迪・阿加桑格盧在第七章分享的方法對你有用，你也可以試試他的方法：開口求援時，不要把焦點放在自己身上，而是要放在你的理想上。倘若你尋求幫助的理由，是要完成一件非常符合你核心理念的事情，你就會發現自己比較願意去執行一些難度較高的行動，並允許其他人與你同舟共濟。

原則10：幫助其他人

「施恩於人不放心頭，受惠於人永不忘懷，是最有福分的人。」

這是我最愛的一段名句，出自詩人伊莉莎白・阿斯奎斯・比貝斯科（Elizabeth Asquith Bibesco）之手。在幫助和支持這一塊，這位前英國首相之女完美道出了其中的精髓。

我認為每一個人在達成目標的過程中，都應該享有向別人尋求支援的機會，但這可不表示，你只能呆坐原地，等著其他人對你伸出援手。你也可以先對他們伸出援手。

讓你支持網絡裡的人知道，你一直都在他們身邊。假如你覺得他們正在水深火熱之中，你可以探探他們的口風。還記得在第十四章，伊凡・米湜內分享的「語意差異提問法」嗎？問問他們最近好不好，如果他們說他們很好，你再接著問他們最近「到底」好不好。自從聽到伊凡的這個方法後，我就常常不自覺地運用這項技巧，還開啟了幾段非常有意義的對話。

但你的態度要認真，這就要再度談到「真誠」這件事。我看有些人在社交場合上，會客套地詢問初次見面的對象有沒有需要幫助的地方。我不會把那樣的問候當真。相反地，你要好好與你支持網絡裡的人交流，並在對的時機，提供他們適當的支持和幫助。

放下那種別人幫你，你就必須幫他的想法；只管在需要幫助的時候，欣然接受大家的幫助。日後說不定你會有機會幫助他們，也說不定你會把他們對你的好傳出去，去幫助其他需要幫助的人。幫助不該是利益交換，它應該是情義相挺。

最重要的是，你在幫助別人時，一定要以他們為中心，不要以自己為中心。

最重要的是，你在幫助別人時，一定要以他們為中心，不要以自己為中心。

你還可以做些什麼？

我們已經一起走到了這段旅程的尾聲，但願這一切有令你豁然開朗，對開口求援這件事感到比較自在，也做好了向身邊親友開口的準備。你的後續發展對我別具意義，所以如果你願意，請透過社群媒體與我分享你的成果和想法，只要標註 *#JustAskStories* 這個標籤，我就能看到你的發文。

如果你對書中的故事感到意猶未盡，也可以到我們的網站 andylopata.com/justask 逛逛，我會在上面分享部分故事的加長版訪談內容，以及其他礙於篇幅考量，無法收錄書中的故事。

所以起身行動吧！你也可以在這個網站訂閱我的《光有連結還不夠》（*Connecting is not Enough*）電子報，我每三週都會分享一些人脈經營的專業技巧。

如果你想要了解你目前的脆弱程度，還有該從哪方面強化你開口的技巧，可以到

andylopata.com/vulnerabilitywheel 逛逛，我們有提供相關的診斷PDF檔，供大家免費下載。

最後，如果你覺得這本書能鼓舞到你身邊的某些人，讓他們在需要的時候願意開口尋求支援，請把這本書借給他們、送給他們，或推薦給他們。讓我們一起努力，讓更多人體會到「開口就對了」的力量。

致謝

「如果我比別人看得遠，是因為我站在巨人的肩膀上。」

——艾薩克・牛頓（Sir Isaac Newton）

一六七六年，牛頓對同期科學家羅伯特・虎克（Robert Hooke）致意的這段名句，貼切表達了我撰寫這本書的感受。

假如我沒向我的人際網絡開口尋求支援，我就沒辦法寫這本書，並鼓勵你讓其他人幫助你。相較於我之前出版的書，這本書的撰寫過程真的非常不同，也艱辛許多。這本書討論非常多「該怎麼做……」的方法，我把我的所見所聞、內心想法和專業知識都彙整到這些頁面中；這些文字不只記錄我從眾人身上聽到的故事、學到的專業，還有得到的援助。

可想而知，我要感謝的人肯定有一大串，沒有他們，這本書就不可能問世（雖然這句話有點老套，但真的是這樣）。

首先，我要謝謝每一位與我分享他們故事的人。可惜礙於篇幅的限制，我無法將所有的故事都收錄書中，所以請到 andylopata.com/justask 逛逛，我會持續在上面分享這些未收錄書中的訪談內容。

我真的很感謝有這麼多人願意敞開心扉，讓大家看見他們最脆弱的一面。這並不是人人都做得到，因為要做到這一點，你必須先把自己的自尊心放到一邊。

也謝謝世界各地的專家鼎力相助，花了很多時間和心力與我分享他們的經驗和觀點。

我的很多訪談都是靠其他人的牽線促成，所以我要大大感謝吉娜・卡爾（Gina Carr）、萊斯利・埃弗里特（Lesley Everett）、凡妮莎・斐爾立、卡羅爾・斯皮爾斯（Carole Spier）、奈傑爾・克肖（Nigel Kershaw）、凱利・莫爾森（Kelly Molson）、格雷厄姆・韋伯（Graham Webb）、格蘭特・勒博夫（Grant Leboff）和蘇米亞・漢西（Sumiya Hemsi）等人的引薦，多虧他們我才能得到這麼多寶貴的素材。另外，我也要謝謝羅伯・斯凱爾頓（Rob Skelton）向我提起達米安・修斯的著作。

還要謝謝約翰・詹姆森和喬漢娜・詹姆森在本書分享的前導研究，感謝他們的大力支持。約翰對這個主題一直很感興趣，整個研究過程中，他都熱情且周延地執行每一個環節。喬漢娜在這項研究中也以諮商師的角度，提出了她的見解。琳達・蕭也是成就這本書的一大支柱，貢獻了許多心力。

感謝澳洲的潔西卡・威爾森（Jessica Wilson），謝謝她幫我把數小時的採訪錄音檔謄寫成文字檔。小潔也常給我一些回饋，讓我知道自己沒有偏離正軌。我也要謝謝我的個人助理娜塔莉亞・斐尼甘（Natalie Finnigan），我在寫這本書的過程中，不論是採訪、撰稿或蒐集資料等各種行程，都是她幫我打理、安排的，所以我的日常生活才沒被這一大堆的事情搞得一團亂。

謝謝我剛寫出這本書時，替我檢閱初稿的優秀審稿者——安托瓦內特・戴爾・亨德森（Antoinette Dale Henderson）、羅西・斯洛克（Rosie Slosek）和我的母親克萊爾・洛帕塔（Claire Lopata）。他們替我改掉了不恰當的措辭、刪掉了冗長的字句，還給了我很棒的想法，並在必要的時候，對我提出了一些質疑。

我由衷感激我上一本書的編輯麗茲・古斯特（Liz Gooster），她協助擬這本書的計畫書，還把我引薦給我最初的出版社，所以一開始他們才會對我的想法感興趣。我對明迪・吉賓斯—克萊因（Mindy Gibbins-Klein）、艾瑪・赫伯特（Emma Herbert）、艾莉森・鮑（Alison Baugh）、菲利帕・赫爾（Philippa Hull）和 Panoma Press 出版社的團隊也滿懷感恩，謝謝他們在我最需要幫助的時候挺我到底！

我在整個撰稿和打掉重練的過程中，從我的人際網絡中得到了龐大的支持。從我第一次萌生寫這本書的念頭，又刻意在臉書上發布這個想法開始，我的朋友就紛紛關心我的進度，熱情地扮演監督我的角色。尤其是大衛・麥奎因和保羅・麥基，他們甚至還幫我審稿，並在我最無助的時候，給我非常受用的意見。在重寫的最後階段，大衛和芭芭拉・湯普森（Barbara Thompson）真的幫了大忙，如果沒有他們，我真不知道該如何完成這本書。

謝謝克里斯汀・克萊西（Christine Clacey）、蒂姆・法拉茲曼德（Tim Farazmand）和保羅・麥基（對，我要再謝謝他一次）、邁克・爾羅德里克（Michael Roderick）、史蒂文・杜澤和萊斯利・埃弗里特；謝謝幫我審第三版草稿的審稿者——阿曼達・瑟斯頓（Amanda Thurston）、約翰・史戴普頓、李・沃倫（Lee Warren）和大衛・帕尼奧塔（Davide Pagnotta）。也謝謝卡拉・瓊斯（Carla Jones）在我閉關寫作時對我的體諒。

最後，也謝謝你。謝謝你看完這本書。希望它能為你帶來某些體悟，並讓你的人生有所不同。

如果我能為你做些什麼，請儘管開口，問就對了。

參考資料

1. William and Harry in Their Own Words. CalmZine, 25 April 2017
2. https://www.ted.com/talks/brene_brown_on_vulnerability? language=en
3. *S.U.M.O. (Shut Up Move On)*. McGee, P. Capstone Publishing, 2005, 2001
4. www.landmarkworldwide.com
5. Possibly referring to Leonard Cohen's 'Anthem': "There is a crack, a crack in everything. That's how the light gets in."
6. *The Truth about Trust in Business: How to Enrich the Bottom Line, Improve Retention, and Build Valuable Relationships for Success.* Hall, V. Emerald Book Company, July 2009
7. *Healing Begins in the Kitchen.* Misner, I. & Misner, B. Esposito Eddie, En Passant Publishing, 2017
8. *Think and Grow Rich.* Hill, N. 1938. The full chapter on Masterminding can be read here: http://

www.sacred-texts.com/nth/tgr/tgr15.htm

9. *The Start-up of You: Adapt to the Future, Invest in Yourself and Transform your Career.* Hoffman, R., Random House Business Books, 2013
10. https://www.chathamhouse.org/about-us/chatham-house-rule
11. *Mitigating Malicious Envy: Why Successful Individuals Should Reveal Their Failures.* Abi-Esber, N., Hall, B., Buell, R. W. & Huang, L., Journal of Experimental Psychology: General, 2019
12. *Rio Ferdinand: My generation killed the England football team.* Wilson, R., *The Times*, 12 May 2018
13. *How the Psychology of the England Football Team Could Change Your Life.* Saner, E., The Guardian, 10 July 2018
14. *The Barcelona Way: How to Create a High-Performance Culture.* Hughes, D., Macmillan, August 2018
15. Michelle Obama, *The Late Show* with Stephen Colbert, 30 November 2018
16. Margaret Thatcher, Conservative Party Conference, 10 October 1980
17. Are the Tories Losing Ground or Regaining It? YouGov poll, 25 May 2017
18. Matt Hancock, *The Andrew Marr Show.* BBC1, 15 March 2020

19. John McDonnell: 'I Can't Forgive Tories.' BBC News, 21 November 2018
20. https://www.bbc.co.uk/news/world-us-canada-53521143
21. *Equal Power.* Swinson, J., Atlantic Books, 2018
22. British politician assassinated in June 2016
23. *What Happened.* Clinton, H. R., Simon and Schuster, September 2017
24. *Who is in your Personal Boardroom?* King, Z. & Scott, A., Personal Boardroom Ltd, 2014
25. *Why Are the Youth the Loneliest Generation?* Sondhelm, R., Titford, B., Scahill, T., Rumble, L., Tjia, O., Nead, S. & Parkyn, E., University of Birmingham Undergraduate Study, January 2019
26. *An Investigation of Loneliness and Perfectionism in University Students.* Arslan, C. & Özyesil, Z., Procedia – Social and Behavioral Sciences, 2010
27. *The Secrets of Long Life.* Buettner D., National Geographic Magazine, November 2005

My Black Dog 基金會

售出這本書獲得的每一筆版稅，我都會捐一部分到 My Black Dog 基金會。

My Black Dog 基金會是一個線上互助團體，可對英格蘭和威爾斯地區，與心理問題奮戰的人提供服務。我們的線上志工都曾在低落的情緒中掙扎過，所以他們能理解你經歷的一切。我們天天都會上線，你可以利用網站上的線上談話功能，與我們聊聊。如果你不知道該找誰談，就找懂你的人談。

www.myblackdog.co

慈善團體註冊編號 1182690

菓子
Götz Books

問就對了

一次解開各種生命困境之謎！為何尋求支援是你最大的力量

Just Ask: Why Seeking Support is Your Greatest Strength

作　　者　安迪・洛帕塔 (Andy Lopata)
譯　　者　王念慈
主　　編　邱靖絨
排　　版　菩薩蠻電腦科技排版公司
封面設計　萬勝安
總　　編　邱靖絨
社　　長　郭重興
發行人兼出版總監　曾大福
出　　版　遠足文化事業股份有限公司　菓子文化
發　　行　遠足文化事業股份有限公司
地　　址　231 新北市新店區民權路 108 之 2 號 9 樓
電　　話　02-22181417
傳　　真　02-22181009
E m a i l　service@bookrep.com.tw
郵撥帳號　19504465 遠足文化事業股份有限公司
客服專線　0800221029
印　　務　江域平、李孟儒
印　　刷　呈靖彩藝有限公司
定　　價　500 元
初　　版　2022 年 5 月
法律顧問　華陽國際專利商標事務所　蘇文生律師

歡迎團體訂購，另有優惠，請洽業務部 (02)22181-1417 分機 1124、1135

國家圖書館出版品預行編目(CIP)資料

問就對了：一次解開各種生命困境之謎!為何尋求支援是你最大的力量/安迪.洛帕塔(Andy Lopata)著；王念慈譯. -- 初版. -- 新北市：遠足文化事業股份有限公司菓子文化出版：遠足文化事業股份有限公司發行, 2022.05
面；　公分. -- (Leben)
譯自：Just ask : why seeking support is your greatest strength.
ISBN 978-626-95271-6-8(平裝)
1.CST: 人際關係　2.CST: 商務傳播
177.3　　111006267